Unsere Welt ist voller Abenteuer

Einfache Ideen, um zusammen mit Kindern die Welt zu entdecken.

Ausbildung

Möchten Sie die Allerkleinsten mit dem hochwertigen AbenteuerKinderWelt-Konzept ganzheitlich begleiten und fördern?

Möchten Sie

- freiberuflich Eltern-Kind-Gruppen nach dem AbenteuerKinderWelt-Konzept anbieten,
- als Erzieherin oder Erzieher die AbenteuerKinderWelt in Ihrer Einrichtung integrieren,
- als Tagesmutter oder Tagesvater die AbenteuerKinderWelt in der Tagespflege einsetzen,
- sich als engagierte Eltern Wissen über die Entwicklung Ihres Kleinkinds und lustige Spielideen aneignen?

Dann besuchen Sie die Ausbildung zur Kursleitung AbenteuerKinderWelt!
Die Ausbildung vermittelt umfangreiches Wissen über die Entwicklung von Kleinkindern und stattet Sie mit einer Schatzkiste voller Spielideen aus, die Ihren beruflichen und privaten Alltag bereichern.

Unsere Welt ist voller Abenteuer
Einfache Ideen, um zusammen mit Kindern die Welt zu entdecken.

1. Auflage, Januar 2011
© 2011 Wehrfritz GmbH
Alle Rechte vorbehalten.

Texte und Konzeption: Ute Lantelme
Grafische Gestaltung: Stefanie Mose, Katharina Strüder
Lektorat: Norbert Krines
Fotografie: Fotostudio HABA-Firmenfamilie, Ute Lantelme

Druck: Grafisches Centrum Cuno GmbH & Co. KG, Calbe (Saale)

Bestell-Nr.: 087743
Die im Buch enthaltenen Ideen und Texte dürfen nicht gewerblich genutzt werden.
ISBN 978-3-941805-01-9

Inhaltsverzeichnis

Vorwort 7
Aufbau des Buches 8
Nutzung zu Hause 10
Nutzung in der Einrichtung 11
Wahrnehmungsforscher 12
Meister-Werker 14
Sprachforscher 15
Klangdetektive 16
Instrumente und ihre Symbole 17
Instrumentenausstattung 17
Austauschmöglichkeiten für Instrumente ... 17
Körperabenteurer 18

6-12 Monate

Wahrnehmungsforscher
Wärmende Hände 22
   Wärme
   Gute Nacht
   Winterende
Fühlen, Schütten und Gestalten 23
Öl- oder Cremedruck 24
Seifenblasenzauber 25
Fühlsäckchen 27
Klangdetektive
Die Schlagstäbe 28
Zugvögel 28
Rainmaker 28
Geschichten mit dem Rainmaker 29
   Sommer- oder Frühlingsregen
   Herbstregen
   Winterregen
   Grauer Novemberschauer
Spüren und hören 30
♪ Singen, hören, spüren 30
Regengeprassel 31
Herbstlaub 31
Körperabenteurer
♪ Hier im Kreis 32
♪ Schneetreiben 33
Reiter 34
Traktorfahrt 35
Traktorfahrt im Winter 35
Vogelflug 37
Der Drachenflug 37
Sprachforscher
Die Sonne 38
Der Wind 38
♪ Trala-Lied 39
Versteckspiel 40
Fliegendes Papier 40
Die frechen Kartoffelkäfer 40
Malgeschichten 41
   Kreisreise
Waschlappen unterwegs 42
Ölwonne 42
Cremetropfen 42

12-24 Monate

Wahrnehmungsforscher
Fühlen, Schütten und Gestalten 44
Seifenblasen laufen über 45
Klänge spüren 46
Schneller Backspaß 47
Feuerwerk 48
Wassertropfen 49
Gerüche erleben 50
Untertauchen 51
♪ Genussfreuden 53
Meister-Werker
Bunte Früchte 54
Duftender Bilderrahmen 56
Herzliche Grüße 57
Blättertanz 58
Fensterbild Herbststimmung mit Raureif 59
Raben im Karnevalskleid 61
Rabenfasching 61
Klangdetektive
Frühlingserwachen 62

♪ Hinter den Notensymbolen finden Sie jeweils die Liedtitel.

Der Specht 62
Froschkonzert 62
Himmlische Gäste 62
Sturm im Wald 63
Windgeheule 63
Trommelmusik 63
Pferdeschlitten 63
Im Winter 63
Körperabenteurer
Lilablaue Elefanten 64
Hoppeldihopp 64
♪ Elefant Amaranth 65
♪ Windreise 66
♪ Bewegungsfreunde 67
Sprachforscher
Die Sonne 69
Schu 70
Tut, Tut 70
Zwickel, zwackel, Zwerge 71
Windgebraus 71
Kritzelgeschichten 73
  Krikel-krakel-Spektakel
Noch mehr Kritzelgeschichten 74
  Regen
  Ein „geschlagenes" Bild
  Schneegestöber
  Schneewolken
  Das Meer
  Verlaufen

24-36 Monate

Wahrnehmungsforscher
Fühlen, Schütten und Gestalten 76
Körperwärme 78
Blumenzauber 79
Schneckenzirkus 80
Erfrischung für Füße und Beine 81
Heiß und Kalt 82
Sprung ins Wasser 83
Butter schütteln 84

Wäschepflege 85
Meister-Werker
Stempelkunst 87
Marmorierte Lesezeichen 88
Winterwunderwelt 89
Filzbild 90
Schimmernde Vase 91
Klangdetektive
Der Winterritt 92
Die Werkstatt 92
Der Abendhimmel 93
Insektenrummel 93
Sommergewitter 93
Körperabenteurer
Flug ins All 94
Die Pumpe Isabell 94
Adventsspaziergang 94
Der Feuerlöscher 95
Wandern auf unsicherem Grund 95
♪ Ameisen 96
♪ Winterwald 97
♪ Körperspaß 98
♪ Nebelschwaden 99
Sprachforscher
Geburtstagsfest 100
Windhose 100
Maulwurf Theodor 101
Malgeschichten mit Bewegung 102
  Hubschrauber
  Jumbojet
  U-Boot
Malgeschichten mit Bewegung 103
  Zwerg
  Katze
  Kreiseln und Rollen
  Der Ball
  Schnecke
  Ein Auto
Die Autorin 104
Publikationen 105
Danksagung 105

♪ Hinter den Notensymbolen finden Sie jeweils die Liedtitel.

Vorwort

Entstehung der AbenteuerKinderWelt

AbenteuerKinderWelt ist ein bewährtes und erfolgreiches Konzept zur ganzheitlichen Begleitung und spielerischen und altersgerechten Förderung von Kindern. 2002 gab es das erste AbenteuerKinderWelt-Kursangebot an der VHS Vaterstetten. Aufgrund des überwältigenden Erfolges und der großen Nachfrage begann die Kursleiterausbildung im gleichen Jahr über den Bayerischen Volkshochschulverband. Rasch wurde der Einsatzbereich der AbenteuerKinderWelt für Krippen und Kindergärten erweitert. Als erste Krippe in Deutschland führte die Kinderkrippe Louise Habermaaß in Bad Rodach die AbenteuerKinderWelt ein. Zwischen 2008 und 2010 entstanden AbenteuerKinderWelt-Angebote in Rheinland-Pfalz, Baden-Württemberg und Nordrhein-Westfalen. Seit 2010 gibt es die Ausbildung zur Kursleitung AbenteuerKinderWelt für den Einsatzbereich Krippe/KiTa und Eltern-Kind-Gruppe auch in Rheinland-Pfalz und Berlin.

Idee und Entwicklung

Die ersten drei Lebensjahre eines Kindes sind entscheidend für die Entwicklung der Sinne eines Kindes. In dieser Zeit erlebte Defizite beeinträchtigen die Motorik und Sprachentwicklung und später auch die Schulleistungen. Das Konzept AbenteuerKinderWelt begleitet und fördert die Kindern ganzheitlich in einem klar strukturierten Rahmen in altershomogenen Gruppen. Diese Gruppen nutzen die Möglichkeit, den Wissenstransfer an die Eltern in einer spielerischen Umgebung vorzunehmen und tragen so zur Festigung der Eltern-Kind-Beziehung bei. Beim Angebot in Einrichtungen und der Tagespflege werden Eltern durch Informationsabende, Elternbegleitmaterial und Beobachtungen der Erzieherinnen einbezogen. Klare Strukturen geben den kleinen Teilnehmern Orientierung. Elementare Bestandteile des Konzeptes in den AbenteuerKinderWelt-Stunden sind Bewegung, Musik und Sprache. Das ganzheitliche Erlernen von Reimen, Versliedern, Tänzen und Bewegungsspielen fördert die natürliche Musikalität, das Bewegungsvermögen und die Sprachentwicklung. Zugleich wird das Rhythmusgefühl geschult und der Wortschatz der Kinder ganz nebenbei durch die Reimwörter erweitert. Diesen Effekt merkt man vor allem dann, wenn die Kinder ab etwa 2,5 Jahren anfangen, die Texte mitzusprechen.

Unsere Welt ist voller Abenteuer

Der Aufbau

Dieses Buch fördert Kinder in **5 wesentlichen Bereichen**:

- Schulung der Sinneswahrnehmung / Wahrnehmung der Umwelt
- Förderung von Kreativität und Selbstbewusstsein
- Entwicklung und Förderung von Motorik und Körperwahrnehmung
- Spielerische Unterstützung der Sprachentwicklung
- Entwicklung des Gehörs

Jedem dieser Förderfelder ist ein eigenes Kapitel gewidmet. Die wichtigsten Ziele der einzelnen Kapitel finden Sie im Folgenden übersichtsartig dargestellt.

Die Anweisungen zu den Spielen beziehen sich jeweils auf einen Erwachsenen und ein Kind. Sie lassen sich aber ohne weitere Schwierigkeiten auch mit mehreren Kindern durchführen. Gegebenenfalls muss die Anzahl der benötigten Requisiten der Zahl der Kinder angepasst werden.

Altersgerechter Aufbau

Damit Kinder ideal ganzheitlich gefördert werden können, finden Sie die Spielideen in diesem Buch nach Altersgruppen aufgeteilt. Innerhalb jeder Gruppe sind Spiele aus allen 5 Förderbereichen zusammengefasst. So können Sie auf einen Blick für jede Altersstufe thematisch passende Spiele kombinieren.

6 - 12 Monate

12 - 24 Monate

24 - 36 Monate

Kapitel

Wahrnehmungsforscher

Klangdetektive

Körperabenteurer

Sprachforscher

Meister-Werker

Wegweiser

Der Flieger zeigt in welchem Kapitel Sie sich befinden.

Piktogramme

Die einzelnen Piktogramme zeigen Ihnen welche Sinne jeweils durch die im Aktionen Bereich Wahrnehmungsforschung angesprochen werden.

Riechen Schmecken Hören Fühlen Sehen

Vorbemerkungen für die Nutzung zu Hause

Alle Spiele der AbenteuerKinderWelt lassen sich einfach umsetzen und überwiegend mit Requisiten spielen, die auch in jedem Haushalt vorhanden sind. Sie lassen sich in den Alltag integrieren (z. B. beim Anziehen) und eignen sich auch für größere Kinder. Besonders interessant sind sie für Kindergruppen bei Geburtstagsfeiern. Natürlich können Sie die Spiele auch systematisch einsetzen: Spielen Sie ein Fingerspiel, eine Klang- oder eine Malgeschichte mit Ihrem Kind eine bis zwei Wochen regelmäßig jeden Tag. Dabei wiederholen Sie das Spiel bei den Kleinsten anfänglich 10-15 mal, bei den älteren Kindern reichen 8-10 Wiederholungen. So kann das Kind in Ruhe erkennen, was passiert, und das Aufgenommene dann umsetzen.

Dabei beginnen die Spiele mit kleinen Schritten (z. B. dem Anheben eines Armes, dem Versuch einer Handdrehung o. ä.), da die Verarbeitungsgeschwindigkeit im kindlichen Gehirn noch sehr langsam ist. Durch die dargebotenen Spiele entstehen dabei neue Verbindungen im Gehirn, die für eine schnellere Verarbeitung von Reizen sorgen. Nach der Anfangsphase können Sie die Anzahl der Wiederholungen bei den vertrauten Spielen auf etwa 5 reduzieren und auch zwei oder drei Spiele miteinander kombinieren, wie Sie am Aufbau einer Beispieleinheit für Kinder ab 6 Monaten erkennen können:

1. Schwerpunkt Motorik, Gleichgewicht, Tastsinn

Einstimmung
Wärme
Seite 22

Klang- oder Malgeschichte (bei den Kleinsten am Körper)
Sommerregen (KLG)
oder Kreisreise (MG)
Seite 29/Seite 41

Kniereiter oder Tanz
Traktorfahrt (KNR)
oder Windreise (T)
Seite 35/Seite 66

Ausklang
Seifenblasenzauber
Seite 25

2. Schwerpunkt Wahrnehmung, Sprache

Einstimmung
Wärme
Seite 22

Wahrnehmung
Genießerlied (FÜHLEN)
Seite 53

Sprache
Trala
Seite 39

Ausklang
Seifenblasenzauber
Seite 25

---

* KLG = Klanggeschichte; MG = Malgeschichte; KNR = Kniereiter; T = Tanz

** Kniereiter in der Einrichtung? Ja, das geht. Alle Kinder sitzen auf einer großen Matte auf der sie sich nach hinten umfallen lassen können. Die Erzieherin sitzt den Kindern gut sichtbar gegenüber (und fällt natürlich auch um).

Vorbemerkungen für die Nutzung in der Einrichtung oder Tagespflege

Alle Spiele können einzeln ausgewählt in die Alltagsstruktur der Einrichtung eingebaut werden: „Sonne scheine" ist z. B. eine ganz wunderbare Möglichkeit die Gruppe in einem Raum ankommen zu lassen. Der eigene Körper wird dabei bewusst wahrgenommen. Insbesondere nach einer Draußen-Spielphase ist dies eine große Hilfe, wieder schneller den kleineren Bewegungsraum zu erfassen.
Jedes Spiel kann im Rahmen des Konzepts der Einrichtung einen Platz finden (Morgenkreis, etc.). Dabei hilft es, den Ablauf zu ritualisieren (gleicher Anfang/gleiches Ende). Die Einheiten lassen sich thematisch (Jahreszeiten) oder nach Arbeitsschwerpunkten der Gruppe (Motorik/Körperwahrnehmung, Sprache, etc.) zusammenstellen und können regelmäßig angeboten werden.

Sie können einzelne Spiele aber auch herausgreifen und bewusst nur als etwas Besonderes (z. B. als Höhepunkt bei einem Fest) einsetzen. Einige Beispieleinheiten sollen Ihnen im Folgenden verdeutlichen, wie Sie die AbenteuerKinder-Welt in Krippe, Kindergarten oder Tagespflege nutzen können.

Mit dem ausgereiften und praxiserprobten Konzept der AbenteuerKinderWelt haben Sie eine Vielzahl von Anleitungen an der Hand, um spielerisch die Fähigkeiten und Kompetenzen von Kindern zu wecken und fördern. Trotzdem stehen Spiel und Spaß für Groß und Klein immer im Vordergrund. Wir wünschen Ihnen viel Spaß beim Erkunden der AbenteuerKinderWelt.

1. Themenschwerpunkt Jahreszeit: Winter (ab 12 Monaten)

Einstimmung
Wärme
Seite 22

*Klang- oder Malgeschichte
(bei den Kleinsten am Körper)*
Fahrt mit dem Pferdeschlitten (KLG)*
oder Schneegestöber (MG)
Seite 63/Seite 74

Bewegungsspiel oder Tanz
Traktorfahrt im Winter(KNR)**
Windreise (T)
Seite 35/Seite 66

Ausklang
Seifenblasenzauber
Seite 25

2. Arbeitsschwerpunkt „Sprache und Bewegung" (ab 24 Monaten)

Einstimmung
Wärme
Seite 22

Fingerspiel
Windhose
Seite 100

Bewegungsspiel
Bewegungsfreunde
Seite 67

Bewegungsspiel
Elefant Amaranth mit
großen Bällen
Seite 65

Bewegungsspiel
Bewegungsfreude
(l. Strophe „Wir setzen uns....")
Seite 67

Ausklang
Seifenblasenzauber
Seite 25

3. Arbeitsschwerpunkt Wahrnehmung (ab 24 Monaten)

Einstimmung
Wärme
Seite 22

Körperwahrnehmung
Sonne scheine
Seite 78

Meister-Werken
Winterwunderwelt
Seite 89

Ausklang
Seifenblasenzauber
Seite 25

Wahrnehmungsforscher

Den Sinnen auf der Spur, um den Genuss zu entdecken:
Musik, Bewegung und Sprache vereinen -
Tast-, Geruchs- und Geschmackssinn stimulieren.

Erfahrungsschatz vergrößern

In den ersten Lebensjahren liegen zwei große Meilensteine in der kindlichen Entwicklung: das Laufenlernen und der Spracherwerb. Sowohl beim einen wie auch beim anderen entdecken und erobern sie die Welt und vergrößern den eigenen Erfahrungsschatz und Aktionsradius.

Kinder lernen gerne

Allerdings sind sie von gleichförmigen vorgegebenen Aufgaben schnell gelangweilt und verweigern sich. Wenn sie im alltäglichen Umfeld spielerisch auf Entdeckungstour gehen, haben sie oft die tollsten Spielideen. Nicht alle davon gefallen ihrem erwachsenen Umfeld. Schaffen Sie dem Kind den Raum, seine Kreativität zu entfalten. Wenn der Boden eines Badezimmers oder eines anderen geeigneten Raumes mit Handtüchern ausgelegt wird, können die Kleinen dort ohne großen Aufwand Wasserexperimente machen. Die Handtücher sind schnell wieder gewaschen und getrocknet und die Nerven der Erwachsenen bleiben entspannt.

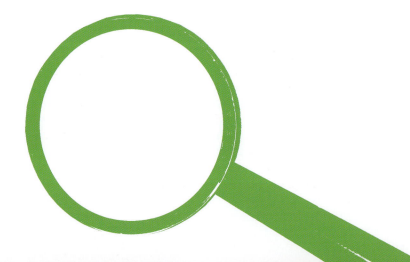

Piktogramme

Die einzelnen Piktogramme zeigen Ihnen welche Sinne jeweils durch die im Aktionen Bereich Wahrnehmungsforschung angesprochen werden.

Riechen   Schmecken   Hören   Fühlen   Sehen

Reize reduzieren

Unsere Welt ist reizüberflutet, daher werden die Reize in allen hier beschriebenen Aktionen reduziert und auf wenige Kompetenzen beschränkt. In den Kapiteln Wahrnehmungsforscher finden Sie altersgerechte Spielideen mit Reizen für

- den Geruchssinn mit verschiedenen Düften;
- den Geschmackssinn durch alles, was in den Mund genommen werden kann, und natürlich durch Lebensmittel;
- den Hörsinn mit Geräuschen und Klängen;
- den Tastsinn mit unterschiedlichen Materialien, Temperaturen, bezogen auf den eigenen Körper oder den von Tieren und anderen Menschen;
- den Gleichgewichtssinn im Stehen und bei der Bewegung im Raum;
- den kinästhetischen Sinn, also den Muskel- oder Bewegungssinn
- und den Sehsinn über Farben, Formen, Bewegungen, Gegenstände, Tiere und andere Menschen.

Die Kinder stimulieren bei diesen Spielen in ihrem eigenen Tempo und auf ihre eigene Art ganz verschiedene Sinne. Die Erfahrungen, die sie dabei machen, stärken ihre Kompetenzen auf vielfältige Weise. Lassen Sie sich daher Zeit bei den Spielen und wiederholen Sie sie immer wieder. In der Wiederholung gewinnen die Kinder die Sicherheit, dass sich manches immer gleich verhält und sich anderes verändert.

Wahrnehmung und „Meister-Werker"

Für die Allerkleinsten fallen die Bereiche Wahrnehmung und „Meister-Werker" (siehe nächste Seite) zusammen. Kleinkinder können hier erste Materialerfahrung sammeln und im Rahmen ihrer Kompetenzen kleine „Meister-Werke" schaffen. Allerdings ist die Erfahrung mit dem Material vordergründiger als beim ergebnisorientierten Basteln. Die kleinen „Meister-Werker" lieben es, wenn sie etwas „Bleibendes" schaffen und sind sehr stolz auf ihre Produkte – genauso wie Mama, Papa, Oma, Opa, Tanten und Onkel. Die Erwachsenen sind aber nur „Helfer", die mit ihrer Vorbereitung den Rahmen schaffen, in dem die Kinder kreativ werden können. Je mehr die Großen sich auf ihre Aufgabe als Begleiter konzentrieren, desto kreativer werden die Kunstwerke der kleinen „Meister-Werker".

Meister-Werker

*Die Welt in ihrer Vielfalt entdecken:
Formen und Materialien erkunden und kreativ gestalten -
selbst die Welt ein wenig bereichern.*

Versetzen wir uns in die Lage der kleinen Entdecker, dann verstehen wir, warum sie viel Zeit brauchen, um das Neue mit dem bisher Bekannten zu vergleichen. Sie müssen die Materialien, die ihnen begegnen, im wahrsten Sinne des Wortes begreifen. Zuerst mit dem Mund, was die Auswahl der Materialien einschränkt, und dann mit den Händen. Irgendwann wird aus dem Erforschen dann das Schaffen neuer Produkte. Lassen Sie die Kleinen mit diesen Experimenten wachsen. Dann erhält die Kreativität Raum zum Blühen. Das Selbstbewusstsein wächst mit jedem eigenen Ergebnis, mit der „öffentlichen" Wahrnehmung der Fähigkeiten, die das Kind schon hat. Die Aufgabe der erwachsenen Betreuer besteht darin, dem Kind diese Erfahrungsmöglichkeiten zu schaffen, ihm geeignete Materialien zur Verfügung zu stellen und sich zurückzunehmen und in die Rolle des Assistenten zu schlüpfen.

Ganz bewusst heißt dieser Bereich nicht Basteln. Die Vorstellungen und Erwartungen an Bastelarbeiten sind meist von nach Vorlagen nachgebauten und „perfekt" aussehenden Teilen geprägt. In der AbenteuerKinder-Welt befinden sich die Kleinen jedoch in einem großen „Forschungslabor": ihrer Alltagswelt. Nur wenn sie sich dort nach Herzenslust austoben dürfen, erwerben sie wichtige Fähigkeiten, um auch außerhalb ihrer gewohnten Umgebung und ihres täglichen Alltags stark und selbstbewusst zu sein. Um etwas Neues zu lernen, bedarf es aber einer guten Begleitung. Durch sie steigt die Chance das eigene Wissen zu erweitern, Frustrationen auszuhalten und herauszufinden, ob diese Aktion zum Bestandteil des eigenen Lebens werden soll. Destruktive Kritik (z. B.: „Das kannst du sowieso nicht."; Du bist dafür eben nicht begabt"; o. Ä.) verdirbt dabei jeglichen Spaß und verhindert den Lern-erfolg.

Sprachforscher

Die Welt der Großen ist eine Welt der Sprache: Mit Sprechversen, Reimen und Liedern die Mundmotorik und Artikulation fördern – so beginnen sie an dieser Welt teilzuhaben.

Sprechen ist Mitteilen, schafft Beziehungen und hat eine zutiefst verbindende Funktion. Neugeborene erkennen bereits direkt nach der Geburt ihre Muttersprache. Sie haben also schon vorgeburtliche Spracherfahrungen. Von der ersten Lebenssekunde an ist die Fähigkeit sich mitzuteilen und zu verstehen überlebenswichtig. Die ersten Kommunikationserfahrungen erfolgen nonverbal: „Sprechen" ist mit Blicken, der Mimik, der Stimmmelodie, im Körperkontakt und durch die Körperhaltung möglich. Dies ist die Basis für die weitere lautliche Kommunikation, denn die kleinen Welt-Entdecker beginnen sofort mit der Vorbereitung des Stimm- und Sprechapparats und der Mundmotorik. Diese trainieren die Kinder, indem sie

- saugen
- schlucken
- lachen
- weinen
- plappern
- Gegenstände in den Mund nehmen.

Dabei entwickeln sie die Fähigkeit, blitzschnell von einer Zungenhaltung zur nächsten zu wechseln und die Lippenstellung zu variieren – und dadurch letztendlich deutlich zu sprechen. Probieren Sie selbst einmal aus, wie viele Bewegungswechsel von Zunge, Kiefer und Gaumen nötig sind, um das Wort „WEIHNACHTSGESCHENK" deutlich auszusprechen.

Neben der Mundmotorik gehört eine gute Entwicklung aller motorischen Fertigkeiten zu einer wichtigen Basis für eine normale Sprach- und Sprechentwicklung. Die Motorik entwickelt sich in Schritten: Die Grundlage bildet die zuverlässige, sichere Beherrschung der ganzkörperlichen Bewegungen. Aufbauend entwickeln und verfeinern sich fein- und mundmotorische Fähigkeiten.

Die Kinder befinden sich in der Zeit, in der sie die AbenteuerKinderWelt besuchen, in der intensivsten Phase ihres Spracherwerbs. Die in den Spielen enthaltene Förderung greift also zum bestmöglichen Zeitpunkt und kann die optimale Wirkung entfalten.

Klangdetektive

Unsere Welt ist eine Welt der Klänge: Mit Tönen spielen, eigene Töne erzeugen und auf neue Geräusche achten - für Kinder in jedem Alter ein spannendes Abenteuer.

Wenn Babys keine Hör-Reize erhalten, entwickelt sich ihr auditiver Sinn nicht und das Kind kann nicht hören. Gleichzeitig ist in der Welt, in der wir heute leben, dieser Sinn am meisten überreizt. Die Klanggeschichten in diesem Buch bieten Ihnen Anregungen, wie Sie Kindern dabei helfen können, gezielt hinzuhören. Darüber hinaus haben die Klanggeschichten unterschiedliche Funktionen:

- Musikalische Aspekte: Kinder lernen erste musikalische Parameter kennen: laut - leise, hoch - tief, langsam – schnell.
- Inhaltliche Aspekte: Kinder erforschen Instrumente und deren Eigenschaften.
- Soziale Aspekte: Zwei oder mehr Instrumente spielen in einer Geschichte. Die Kinder müssen den Einsatz ihrer Instrumente absprechen und koordinieren.
- Emotionale Aspekte: Kinder ordnen einzelne Töne und bestimmte Spielweisen von Instrumenten besonderen Eigenschaften und emotionalen Stimmungen zu.
- Sprachliche Aspekte: Das Sprachgefühl der Kinder wird durch Reime und die Erzählweise gefördert.
- Rhythmische Aspekte: Spielerisch machen die Kinder erste rhythmische Erfahrungen, z. B. dass eine Geschichte mit einem Takt oder mit gezielten Taktwechseln unterlegt werden kann.

Da die auf dem Markt befindlichen Klanggeschichten frühestens Kinder ab 3 Jahren ansprechen, gibt es in der Abenteuer-KinderWelt neue Klanggeschichten, in denen bereits Kinder mit 15 Monaten einen Herbststurm mit einer Rassel begleiten und mit etwas Übung auch laut und leise, langsam und schnell mitspielen können. Bei allem steht aber immer der Spaß am Musizieren vor der Vermittlung von Lerninhalten.

Instrumente und ihre Symbole

In diesem Buch werden folgende Instrumente verwendet:

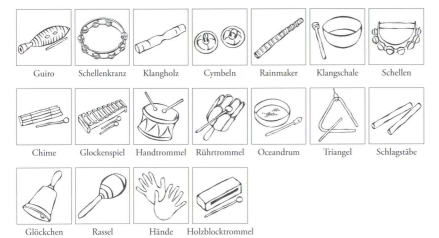

Instrumenten-Ausstattung

Gute Instrumente haben leider ihren Preis. Es lohnt sich, auf klangliche Qualität bei der Auswahl der Instrumente zu achten. Das Ohr wird mit klaren Tönen viel besser geschult. Außerdem zeichnen sich qualitativ gute Instrumente auch bei größerer Lautstärke durch einen harmonischeren Klang aus, was nicht zu unterschätzen ist. Wenn ein Instrumentarium aufgebaut werden soll, empfehle ich nach meiner Erfahrung folgende Grundausstattung:

Basis-Ausstattung:	Klanghölzer oder Schlagstäbe, Rainmaker, Rasseln
Erweiterte Grund-Ausstattung:	Klangschale, Triangel, Handtrommel mit Schlegel
Ausbau-Ausstattung:	Holzblocktrommel, Schelle, Glöckchen, Guiro, Klangholz, Glockenspiel
Erweiterte Ausbau-Ausstattung:	Oceandrum, Cymbeln, Rührtrommel, Chime, Jazzbesen

Austauschmöglichkeiten für Instrumente

Holzblocktrommel:	Schlagstäbe/Klanghölzer
Schelle:	Glöckchen
Triangel, Chime, Cymbeln:	Glockenspiel
Rainmaker:	Rasseln
Handtrommel:	Hände

Körperabenteurer

*Kinder stecken von Natur aus voller Bewegungsdrang:
Ihren Körper und die Welt um sie herum über Bewegung erfahren
- sich und die Welt kennen und beherrschen lernen.*

Der Grundstein für eine optimale körperliche, seelische und geistige Entwicklung wird in den ersten fünf Lebensjahren gelegt.

Voraussetzungen für Bewegungen sind eine entsprechend ausgebildete Muskulatur und die Auseinandersetzung mit der Schwerkraft. Ausreichende Bewegung ist deshalb für Kinder unersetzlich. Wo ihre Umwelt die Entfaltung ihres Bewegungsdrangs nicht zulässt oder passive Freizeitangebote attraktiver erscheinen, bieten Bewegungsspiele den Kindern eine Möglichkeit, sich von Anfang an selbst zu erfahren und zu entfalten. Sich zu bewegen wird für sie zur Selbstverständlichkeit. Bewegung ist aber auch mit Wahrnehmung, Denken und Gefühlen verbunden und daher nie isoliert zu sehen. Durch gezieltes Animieren zum Bewegen wird ein wichtiger Beitrag zur Gesundheit des Kindes geleistet, weil Bewegungsmangel neben gesundheitlichen Folgen auch zu Nachteilen in der schulischen Entwicklung führen kann.

Babys und Kleinkinder wiederholen Bewegungen, damit sie im Gehirn abgespeichert und so automatisiert immer wieder abgerufen werden können. Dabei erreichen sie einen immer größeren Aktionsradius, spezifischere Bewegungsmuster und entdecken immer wieder Neues. Erst über das Greifen und Begreifen kommt ein Kind zum Begriff. Schon für die Allerkleinsten sind Zuwendung, Berührung und körperlicher Kontakt lebensnotwendig. Neuere Forschungsergebnisse legen nahe, dass es einen Zusammenhang zwischen der Fähigkeit, Stress zu bewältigen, und der frühen Erfahrung von Zuwendung durch Hautkontakt und Streicheln gibt. Mit Massage-, Trage- und Schaukelspielen wird hier schon früh eine optimale Förderung erreicht. Tücher, Sandsäckchen oder Kissen eignen sich in diesem Alter besonders gut, um auch dem Tastsinn Anreize zu geben. Selbst Zweijährige können mit diesen Requisiten noch ihre Bewegungssicherheit verbessern.

Je nach dem Stand der motorischen Fertigkeiten des Kleinkindes setzen die Spiele unterschiedliche Schwerpunkte: Die Allerkleinsten werden mehr bewegt. Dabei werden der Gleichgewichtssinn, die Raum-Lage-Wahrnehmung, der Tastsinn angeregt. Hinzu kommen die Nähe zur Bezugsperson, Rhythmus, Sprache und der gemeinsame Spaß von Groß und Klein. Die vorgestellten Spiele sprechen aber auch Erwachsene an, denn die Kinder spüren genau, ob jemand gern mit ihnen spielt. Und entsprechend hoch ist dann ihre Eigenmotivation.

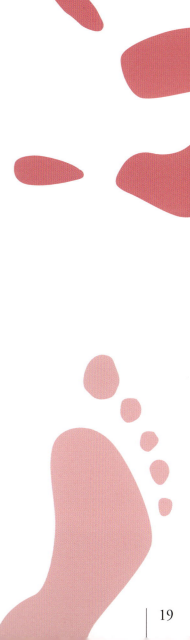

Tanz

„Tanzen mit den ganz Kleinen – die können ja noch gar nicht laufen!" Diesem Einwand begegnet man oft, wenn in der AbenteuerKinderWelt getanzt wird. Tanzen schafft Nähe, lässt die Kinder den Raum erfahren (oben, unten, etc.) und Bewegung spüren (z. B. langsam, schnell). Es gibt ihnen das Gefühl von Geborgenheit auf dem Arm der Bezugsperson und gleichzeitig die Erfahrung Teil einer Gruppe zu sein.

Wenn man die Welt im Tanz erlebt, ist der Körper im Kontakt mit dem Raum und mit anderen Menschen. Es ist eine wahrhaft ganzheitliche Erfahrung, die Stimmung der Musik zu fühlen, Grenzen zu erfahren und Rücksicht auf die anderen Tänzer zu nehmen. In der sich bewegenden Gruppe immer wieder seinen eigenen Platz zu finden und die Orientierung zu behalten, ist ein aufregendes Erlebnis. Ab und zu kann da schon mal der Überblick verloren gehen und die kleinen Abenteurer halten inne und beobachten, was um sie herum geschieht. Lassen Sie den kleinen Tänzern dann genügend Raum und Zeit, um sich immer wieder neu zu orientieren.

Körperspiellieder

„Ich fühle mich wohl in meiner Haut." Wer das von sich behaupten kann, dem geht es gut. In den Körperspielliedern lernen die Kinder ihren Körper und die Namen für ihre Körperteile kennen. Das ist ein wichtiger Punkt für die Selbstwahrnehmung und die wichtigste Voraussetzung dafür, sich in seiner Haut wohl zu fühlen. So gibt es in diesem Buch rhythmisch bewegte und zärtlich sanfte Spiellieder für immer neue Körperentdeckungsaktionen.

Kniereiter

Sprache, Rhythmus, Spannung und Aufgefangen werden: Das ist die Zauberformel der Kniereiter, die Kinder seit vielen Generationen lieben. Selbst „große" Kinder mit 7 oder 8 Jahren schätzen sie aufgrund des Zusammenspiels von Geborgenheit und Loslassen. Auch wenn Kniereiter in diesem Alter für Erwachsene anstrengend werden können, entschädigt das gemeinsame Erleben von Bewegung und Nähe für den Kraftaufwand.

Bewegungsspiele

Der wachsende Aktionsradius der Kleinen erlaubt immer neue bewegte Spiele. Ein ideales Spiel für die Aufmerksamkeitsspanne der Kinder ist das Fangenspiel. Kurze Momente der Konzentration werden aufgelöst durch das „Gefangenwerden" und das Spiel geht von vorne los. Nach diesem Muster gestrickte Bewegungsspiele liefern den größten Spaßfaktor. Und eine so nachhaltig geweckte Lust an der Bewegung verlieren die Kinder auch in späteren Jahren nicht mehr so leicht.

Kinder von 6 - 12 Monaten

Wärmende Hände

Ein Wahrnehmungsspiel für eine gute Körperwahrnehmung und zum Wohlfühlen

Alter: ab 6 Monate
Vorbereitungsaufwand: gering

Angesprochene Kompetenzen: Tastsinn
Material: Hände
Vorbereitung: Einen Spruch auswendig lernen.

So geht's:
Sagen Sie den Spruch auf und folgen Sie der Beschreibung. Sie können das Spiel so oft wiederholen, wie es dem Kind und Ihnen Spaß macht.

Wärme (Ute Lantelme)

Vorbei ist die Kälte,
die Wärme erwacht.
Hände reiben

Die Hände, die haben
die Wärme gebracht.
*Warmgeriebene Hände
aufs Gesicht legen*

Winterende (Ute Lantelme)

Vorbei ist der Winter,
die Erde erwacht.
Hände reiben

Die Sonne hat uns den
Frühling gebracht.
*Warmgeriebene Hände
aufs Gesicht legen*

Gute Nacht (Ute Lantelme)

Jetzt am Abend hat uns die Nacht,
Hände reiben

so schöne Träume mitgebracht.
*Warmgeriebene Hände aufs
Gesicht legen*

Tipp: Bei jeder Wiederholung der Geschichte eine andere Körperstelle wärmen. So entsteht ein wohliges Körpergefühl. Die zweite Geschichte kann auch als Zubettbring-Ritual genutzt werden.

Fühlen, Schütten und Gestalten

Alter: ab 10 Monate

Vorbereitungsaufwand: gering

Angesprochene Kompetenzen: Tastsinn, Hand-Auge-Koordination, kinästhetischer Sinn

Material: Becher, Schalen, Backblech oder Tablett, kleine Flaschen mit dickem Hals, Holzstab oder Kochlöffel, rote und gelbe Bio-Linsen, Bio-Popcorn, Mais, rote Kidney-Bohnen (Bio), Reis (Bio), Gries

Vorbereitung: Verschiedene Materialien in die Flaschen füllen, pro Flasche ein Material.

So geht's:

Das Kind darf den Gries o. Ä. in einen großen Behälter füllen. Es fühlt daran, schüttet ihn in Schalen und Becher und füllt ihn nach Herzenslust um. Wenn Sie eine Decke unterlegen, fangen Sie das meiste von dem, was daneben geschüttet wird, gleich wieder auf.

Tipp

Jedes Kind liebt Schüttspiele, Erwachsene meist nicht. Mit dieser Variante können die Kleinen ihre Koordinationstechnik üben und die Erwachsenen durch einfaches Staubsaugerschwingen alle Spuren rasch beseitigen. Eine ideale Kombination! Das Spiel kann im Sommer auch draußen mit Sand als Schüttmaterial gespielt werden. Drinnen wäre mit Sand der Aufwand beim Saubermachen zu groß.

Fotografieren Sie ruhig immer wieder den „Zwischenstand"! Sie bewahren so unwiederbringbare Kindheitsmomente.

> **Tipp**
>
> Experimentieren Sie vorher ein bisschen mit dem Öl – wenn es zu viel ist, sieht man die Handlinien nicht mehr, wenn es zu wenig ist, ist der Abdruck nicht so gut sichtbar. Füllen Sie das Öl in eine leere Sprühflasche. Es ist ein tolles Gefühl, das Öl auf die Hand gesprüht zu bekommen. Manch kleiner Künstler hat da natürlich noch ganz andere kreative Ideen!

Patsch! Patsch! Das sind meine Händchen!

Öl- oder Cremedruck

Alter: ab 8 Monate

Vorbereitungsaufwand: gering

Angesprochene Kompetenzen: Tastsinn, Hand-Auge-Koordination, visueller Sinn

Material: Postkarte, Tonpapier (je saugfähiger, desto besser), Babyöl (Olivenöl, Fettcreme) oder Wundschutzcreme

Vorbereitung: keine

So geht's:
Jedes Kind erhält ein Blatt und Öl für seine Hände. Dann wird das Öl gut verrieben. Folgender Spruch kann dazu aufgesagt werden:

Zauberöl (Ute Lantelme)
Das Öl, das reibe jetzt geschwind
In deinen Händen liebes Kind.
Dann drück die Hand auf das Papier
Schon siehst Du Deinen Abdruck hier!

Zaubercreme
Die Creme, die …

Dann wird die flache Hand auf das Blatt gedrückt und wieder weggenommen. Das restliche Öl wird weiter in den Händen verrieben bis es eingezogen ist. In dieser Zeit kann sich das Papier vollsaugen. Wenn man das Blatt gegen das Licht hält oder ins Fenster hängt, ist der Handabdruck deutlich zu sehen.

Seifenblasenzauber

Alter: ab 6 Monate

Vorbereitungsaufwand: gering

Angesprochene Kompetenzen: Auditiver Sinn, visueller Sinn, Mundmotorik, Hand-Auge-Koordination, Grobmotorik

Material: Seifenblasen, CD-Spieler
Edvard Grieg: Morgenstimmung aus den Peer Gynt Suiten

Vorbereitung: keine

So geht's:
Starten Sie die Musik und beginnen Sie Seifenblasen zu machen.

Dieses Spiel verändert sich mit dem Alter eines Kindes. Für ein Kleinkind ist es ein traumhaftes Beobachtungsspiel. Mit zunehmender Beweglichkeit beginnt es die Seifenblasen zu fangen. Jauchzend greift es nach ihnen und läuft ihnen hinterher. Die größeren Kinder wollen dann schon die Seifenblasen selbst machen. Wickeln Sie dazu die Seifenblasenflasche in ein Tuch und halten Sie sie gut fest. Das Kind bedient den Blasring.

Sanft entschweben die schillernden Blasen zum Klang der Musik ...

Tipp

Probieren Sie das Spiel auch mal mit Seifenblasen, die durch die Luft gezogen werden (z. B. Seifenwasser mit Schale und großem Seifenblasenring).

Dieses Spiel ist vor allem mit den Allerkleinsten eine wunderbare Möglichkeit überdrehte Kinder und genervte Erwachsene zu entspannen. Das Musikstück „Morgenstimmung" ist so zauberhaft, dass es auch mehrmals hintereinander gehört werden kann. So wirken der Zauber der Musik und der Anblick des faszinierten Kindergesichts doppelt beruhigend und schaffen ein entspanntes Gefühl von wohliger Nähe.

6 - 12 Monate

Fühlsäckchen

Alter: ab 10 Monate (zum Spielen bereits ab 6 Monate)
Vorbereitungsaufwand: mittel

Angesprochene Kompetenzen: Tastsinn, Hand-Auge-Koordination

Material: Stoffsäckchen zum Füllen (Bastelbedarf), Kirschkerne (Bastelbedarf), Reis, Dinkel, Linsen u. ä. (Lebensmittelhandel), kleine Steine, Sand, Trichter, kleine Becher (z. B. gespülte Joghurtbecher)

Vorbereitung: Füllen Sie das Material in eine nicht zu große Box mit hohem Rand (z. B. leere Plastikboxen von Fertigsalat). Legen Sie ein großes Handtuch unter, dann verteilt sich das Material nicht so sehr im ganzen Raum.

So geht's:
Ihr Kind spielt mit dem Material und schüttet es dann in den Trichter. Füllen Sie immer nur ein Material in ein Säckchen. Wenn die Säckchen gefüllt sind, so dass das Material noch bewegt werden kann, nähen Sie die Füllöffnung zu. Es lohnt sich mehrere Fühlsäckchen mit unterschiedlichen Materialien zu füllen. Das regt den Forscherdrang immer wieder neu an und vervielfältigt die Materialerfahrungen.

> **Tipp**
>
> Die Einfülltrichter für Babymilch sind sehr gut zum Füllen der Säckchen geeignet, da sie eine größere Öffnung haben und die Kinder so die Materialien besser einfüllen können.
>
> Färben Sie gemeinsam mit den Kindern die Säckchen mit Kaltbatikfarbe – für jedes Material eine andere Farbe nehmen oder (ab 15 Monate) füllen Sie Stoffmalfarbe in eine Tropfflasche und lassen die Säckchen von den Kindern bunt betropfen.

Klopf, klopf – das klingt fein …

Die Schlagstäbe
(Ute Lantelme)

Ich bin ein Stab aus edlem Holz
und zaub're schöne Klänge.
Ich bin darauf besonders stolz,
begleite eure Gesänge.

Zugvögel
(Ute Lantelme)

Die Vögel geh'n auf Winterreise
und piepen zum Abschied leise, leise.

Rainmaker
(Ute Lantelme)

Regenmacher nennt man mich,
drehst du mich um, dann klinge ich
so, als wenn auf dieser Welt
der Regen grad' vom Himmel fällt.

Es regnet das ganze Jahr:
Geschichten mit dem Rainmaker

Sommer- oder Frühlingsregen (Ute Lantelme)

Auch im Sommer (Frühling) prasselt munter
mancher Regenschauer runter.
Rainmaker drehen

Herbstregen (Ute Lantelme)

Auch im Herbst so dann und wann,
regnet es soviel es kann.
Rainmaker drehen

Winterregen (Ute Lantelme)

Selbst im Winter dick und schwer
Kommt der Regen zu uns her.
Rainmaker drehen

Grauer Novemberschauer (Ute Lantelme)

Wird es draußen immer grauer
grüßt uns der Novemberschauer.
Rainmaker drehen

6 - 12 Monate

Spüren und hören (Ute Lantelme)

Liebes Kind sei mal ganz still,
dann hörst du sie klingen, wohin sie will.
Ihr Ton trägt durch den ganzen Raum
und das erscheint fast wie ein Traum.
Lass ich deine Hand die Schale berühren,
kannst du den Ton in deinem Körper spüren.

Tipp

Legen Sie die Klangschale anfangs in Ihre eigene Hand und berühren mit dieser den Körper des Kindes. Es kann die Schwingungen trotzdem spüren und sich so langsam mit dem Instrument vertraut machen.

Singen, hören, spüren (Ute Lantelme)

Melodie: überliefert, Brüderchen komm tanz mit mir

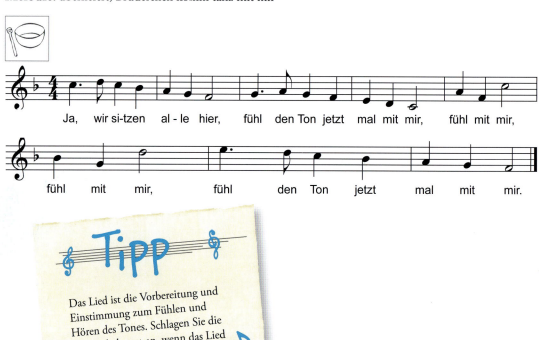

Ja, wir sitzen alle hier, fühl den Ton jetzt mal mit mir, fühl mit mir, fühl mit mir, fühl den Ton jetzt mal mit mir.

Tipp

Das Lied ist die Vorbereitung und Einstimmung zum Fühlen und Hören des Tones. Schlagen Sie die Klangschale erst an, wenn das Lied zu Ende ist.

Regenprasseln (Ute Lantelme)

Wenn die Rasseln rasselnd rasseln,
klingt es fast wie Regenprasseln.

Herbstlaub (Ute Lantelme)

Die Blätter rascheln heute leise.
Der Wind schickt sie auf eine Reise.
Leise rasseln

Doch plötzlich rascheln die Blätter ganz laut,
da hat sich ein Sturm zusammengebraut.
Laut rasseln

Am Abend werden die Blätter still,
weil der Wind nach Hause will.
Verstummen

Hier im Kreis (Ute Lantelme)

Melodie: überliefert, Sur le pont d'Avignon

Hier im Kreis stehen wir, erst-mal still, erst-mal still. Hier im Kreis stehen wir, ich mit dir und du mit mir.

Hier im Kreis gehen wir, erst mal links rum, erst mal links rum.
Hier im Kreis gehen wir, ich mit dir und du mit mir.

Hier im Kreis gehen wir, jetzt mal vorwärts, jetzt mal vorwärts.
Hier im Kreis gehen wir, ich mit dir und du mit mir.

Hier im Kreis gehen wir, wieder rückwärts, wieder rückwärts.
Hier im Kreis gehen wir, ich mit dir und du mit mir.

Hier im Kreis gehen wir, erst mal rechts rum, erst mal rechts rum.
Hier im Kreis gehen wir, ich mit dir und du mit mir.

Hier im Kreis gehen wir, jetzt mal vorwärts, jetzt mal vorwärts.
Hier im Kreis gehen wir, ich mit dir und du mit mir.

Hier im Kreis gehen wir, wieder rückwärts, wieder rückwärts.
Hier im Kreis gehen wir, ich mit dir und du mit mir.

Hier im Kreis winken wir, mit den Armen, mit den Armen.
Hier im Kreis winken wir, ich mit dir und du mit mir.

Schneetreiben (Ute Lantelme)

Melodie: überliefert, Kommt ein Vogel geflogen (Überarbeitung: Roland Höld)

Hoch am Himmel treibt im Winter der Wind ein Wolkenmeer. Darin wohnen Schneeflocken, denen gefällt es dort sehr.

Die Schneeflocken in der Wolke
schaukeln langsam hin und her.
Plötzlich fall'n sie vom Himmel,
denn der Wolke wird's zu schwer.

Langsam tanzen sie zur Erde,
decken Haus und Garten zu.
Aller Lärm wird jetzt viel leiser,
jeder Mensch genießt die Ruh'.

Tipp

Dieses Lied ist eine sehr schöne Gelegenheit zum Kuscheln und Schaukeln (Gleichgewichtssinn). Sie können daraus auch ein Bewegungsspiel im Stehen machen. Stellen Sie sich mit leicht gebeugten Knien hin und halten Sie Ihr Kind als Schneeflocke mit beiden Armen ausgestreckt über dem Kopf. Schauen Sie Ihr Kind dabei an und wiegen Sie sich langsam im Takt vom einen auf das andere Bein. Bei der zweiten Strophe bewegen Sie auch die Arme mit und schaukeln Ihr Kind etwas mehr. Halten Sie weiter Blickkontakt. Lassen Sie Ihr Kind ab „Plötzlich ..." schaukelnd langsam immer tiefer bis zum Boden sinken. Setzen oder legen Sie sich dazu und hören und genießen Sie die Ruhe.

6 - 12 Monate

So, jetzt geht es hopp hopp hopp …

Reiter <small>(Ute Lantelme)</small>

Vom Rücken uns'rer großen Pferde
schauen wir hinab zur Erde.
Kind im Grundschlagtempo reiten lassen

Gaaaanz langsam fängt der Ritt jetzt an.
Im Schritt geht unser Pferd voran.
Langsam reiten lassen

Im Trab, da schaukelt es schon sehr.
Das macht uns Spaß, wir wollen mehr.
Etwas schneller reiten und das Kind hin und her schaukeln (Kind festhalten)

So geht es jetzt hopp, hopp, hopp, hopp!
Die Pferde laufen im Galopp.
Schneller reiten (Kind festhalten)

Nun reiten wir sehr schnell voran.
„Mein liebes Pferdchen, halt doch an!"

Zack, bleibt es steh'n das gute Tier.
Und wir? Schau hin - da fliegen wir.
Abstoppen und das Kind zwischen die Beine fallen lassen

Körperabenteurer

Traktorfahrt (Ute Lantelme)

Fragt der Bauer, schrei'n wir: "Hier!",
Traktorfahren lieben wir.
Los geht es hinaus aufs Feld,
denn dort finden wir die Welt.
Kind im Grundschlagtempo reiten lassen

Siehst du die Insekten schwirren
Und die Luft vor Hitze flirren?
Hand über die Augen legen und schauen,

Dabei tragen wir 'nen Hut,
das tut uns'rem Kopf sehr gut.
Über den Kopf des Kindes streicheln

Aber plötzlich, ach herrje!
Fall'n wir in den grünen Klee.
Umfallen

Traktorfahrt im Winter (Ute Lantelme)

Fragt der Bauer, schrei'n wir: "Hier!",
Traktorfahren lieben wir.
Los geht es hinaus aufs Feld,
denn dort finden wir die Welt.
Kind im Grundschlagtempo reiten lassen

Sie ist kalt und weiß voll Schnee,
schnell tun uns die Backen weh.
Backen des Kindes leicht drücken/streicheln

Aber plötzlich, ach herrje!
Fall'n wir in den weichen Schnee
Fallen

6 - 12 Monate

Hoch oben fliegen ...

Kniereiter zum „Fliegen"

Diese Art Kniereiter sprechen den Gleichgewichtssinn auf einer anderen Ebene als die normalen Kniereiter an. Sie geben Impulse an die sich entwickelnde Körperspannung. Sie können wie die anderen Kniereiter im Sitzen ausgeführt werden. Zusätzlich können sie auch im Stehen und beim Herumgehen im Raum gespielt werden. Gerade Kinder, die etwas weniger wagemutig sind, fühlen sich beim gemeinsamen „Hinfallen" mit ihrer Bezugsperson sicherer.

Vogelflug (Ute Lantelme)

Ich habe heute Vogelflügel,
damit flieg ich dann über Hügel.
Ganz weit breit' ich dort meine Schwingen
und fange fröhlich an zu singen,
Ein Windstoß bläst mir in mein Haar,
ich schaukle und find's wunderbar.
So fliege ich so herrlich munter.
Wenn ich nicht aufpass', fall' ich runter.
Kind mit Gesicht zum Erwachsenen hochheben und im Grundschlagtempo „fliegen" lassen, ins Haar pusten und etwas stärker schaukeln, zum Schluss auf dem Schoß landen lassen.

Der Drachenflug (Ute Lantelme)

Ich flieg heut ganz hoch in die Luft,
denn dort ist ein besond'rer Duft.
Ich hänge mich an meinen Drachen.
Mit ihm da hab ich viel zu Lachen.
Von Winden werden wir geschüttelt
und auch ganz kräftig durchgerüttelt.
Doch reißt die Schnur, so ist das dumm.
Dann landen wir und das macht „Bumm!"
Kind mit Gesicht zum Erwachsenen hochheben und im Grundschlagtempo „fliegen" lassen, zum Schluss auf dem Schoß landen lassen.

6 – 12 Monate

Was kitzelt denn da …?

Die Sonne (Dörte Klehe)

Die Sonne, die ist gelb und rund,
*Einen Kreis in die Handinnenfläche
des Kindes malen*

sie hat zwei Augen und 'nen Mund,
Augen und Mund in den Kreis malen

und auf die Finger malen
wir viele Sonnenstrahlen.
Sonnenstrahlen auf die Finger malen

Der Wind (Ute Lantelme)

Der Wind, der will die Welt heut sehn.
Sacht bläst er zum Spazierengehn.
Sacht in die Luft pusten

Er freut sich an dem Sonnenlicht,
drum bläst er stark in dein Gesicht.
In Gesicht und Haare des Kindes pusten

So pustet er den ganzen Tag.
Lange pusten

Ob deine Hand ihn auch so mag?
In die Hand des Kindes pusten.

Trala – Lied

Melodie: überliefert, Brasilianisches Volkslied

1. Trala, Trala,
   Hände drehen

   Tralalalalala,
   Beide Hände drehend nach oben führen

   Tralala,
   Linke Handinnenfläche nach oben halten, mit der rechten Hand 3x klatschen

   Tralala,
   Rechte Handinnenfläche nach oben halten, mit der linken Hand 3x klatschen

   Tralala-
   Hände vor dem Körper gegengleich von oben nach unten aneinanderklatschen

   Huih!
   Hände an den Oberkörper legen und schnell nach vorne führen

2. Trele, Trele,
   Trelelelelele,
   Trelele, Trelele,
   Trelele-
   Huih!

3. Trili, Trili,
   Trilililili,
   Trilili, Trilili,
   Trilili-
   Huih!

4. Trolo, Trolo,
   Trololololo,
   Trolo, Trolo,
   Trolo-
   Huih!

5. Trulu, Trulu,
   Trulululululu,
   Trulu, Trulu,
   Trulu-
   Huih!

Versteckspiel
(Ute Lantelme)

Ricke, racke ruch -
Ich nehme mir ein Tuch,
Tuch hochhalten

Ricke, racke, richt -
Verstecke mein Gesicht
Tuch vors Gesicht halten

Ricke, racke, ra -
Jetzt bin ich wieder da!
Tuch wegziehen

Tipp

Dieses Spiel schrittweise aufbauen: Zuerst nur das Tuch vors eigene Gesicht halten, dann vors Kindergesicht. Wenn das Kind Freude daran hat, kann das Tuch über den Kopf des Kindes gelegt werden. Bei einem ängstlicheren Kind kann das Tuch auch gleichzeitig über den Kopf des Erwachsenen und des Kindes gelegt werden. Bei der Tuchfarbe wählen Sie zuerst die hellste Farbe. Wenn das Kind sich bei dem Spiel wohlfühlt, kommen nach und nach andere Farben dazu.

Fliegendes Papier (Ute Lantelme)

Der Wind bewegt heut das Papier.
Handflächen nach außen drehen und bewegen

Es fliegt von da, nach dort, nach hier.
Handflächen schrittweise näher zum Körper bewegen

Und dann, dann fliegt es ganz weit fort
zu einem hohen fernen Ort.
Hände in den Himmel „fliegen" lassen

Wenn wir dann dem Rascheln lauschen,
hör'n wir es zum Boden rauschen.
Handinnenflächen aneinander reiben und langsam zum Boden führen

Die frechen Kartoffelkäfer
(Ute Lantelme)

Kartoffelkäfer krabbeln wieder,
singen lust'ge Käferlieder
und sie kitzeln dann und wann
einfach ihren Nebenmann.
Mit den Fingern herum krabbeln und zum Schluss das Kind kitzeln

Malgeschichten

Diese kurzen Malgeschichten werden auf dem Körper des Kindes gemalt. So lernen die Kinder durch das Spüren Formen und Worte zu verbinden. Die Tastrezeptoren der Haut werden in ihrer Wahrnehmungsfähigkeit sensibilisiert.

Kreisreise (Ute Lantelme)

Immer rund im Kreise
mach ich eine Reise.
Zuerst ganz zart und leise
mal ich kleine Kreise.
Dann ganz dick und fest
male ich den Rest.

Kreise in der angegebenen Stärke auf die Handinnenfläche des Kindes malen

Kleine runde Kreise ...

Diese Geschichte kann auf den ganzen Körper gemalt werden. Machen Sie immer mindestens 6-8 Wiederholungen und teilen diese gleichmäßig auf die linke und rechte Hand (Fuß) auf. Aber die Kreise machen sich auch gut auf dem Bauch, dem Rücken, den Knien usw.

Natürlich können diese Kreise auch in Gries, trockenen oder feuchten Sand, Erde etc. gemalt werden. Probieren Sie es ruhig auch mal in der Breischüssel aus.

Malen und erzählen Sie kleine Geschichten mit dem Waschlappen, beim Eincremen etc..

Mit meinen Fingerchen male ich ...

6 - 12 Monate

Sprachforscher

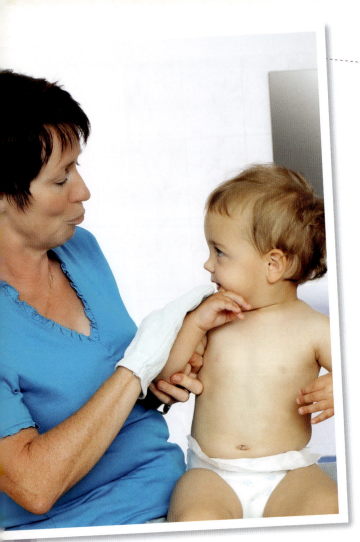

Waschlappen unterwegs
(Ute Lantelme)

Wischi, waschi rauf und runter –
Der Waschlappen, der macht mich munter.
Arme, Rücken, Beine, Bauch –
Das gefällt mir. Magst Du's auch?
Im Gesicht wischen wir zart –
Schau am Kinn ein Seifenbart!

Tipp

Bei den Badegeschichten können Sie es mit Malseife auch ganz bunt treiben.

Ölwonne (Ute Lantelme)

Mit Öl mal' ich herum im Kreise,
schick' Wonnestrahlen auf die Reise.

Cremetropfen (Ute Lantelme)

Spür die Creme, wie sie tropft –
Und auf meine Beine klopft.
…

Und auf meinen Rücken klopft.
…

Und auch auf mein Bäuchlein klopft.
…..

Und auf meine Wangen klopft.

usw.

Kinder von 12 - 24 Monaten

Fühlen, Schütten und Gestalten

Körnchen für Körnchen rieselt durch die Hand ...
... und jedes wird genau betrachtet.

Alter: ab 12 Monate

Vorbereitungsaufwand: gering

Angesprochene Kompetenzen:
Tastsinn, Hand-Auge-Koordination, kinästhetischer Sinn

Material: Backblech oder Tablett, Holzstab oder Kochlöffel, (Bio)Reis, Gries

Vorbereitung: Verschiedene Materialien in die Flaschen füllen, pro Flasche ein Material.

So geht's:

Das Kind darf das Hauptmaterial (am besten Reis) auf ein Bachblech schütten und verteilen, bis der gesamte Boden gut bedeckt ist. Mit dem Stöckchen, einem Pfannenwender oder Ähnlichem darf das Kind Muster in den Reis „malen".

Tipp: Wenn Sie Gries benutzen, verwenden Sie Hartweizengries. Weichweizengries ist zu staubig.

44

Wahrnehmungsforscher

Seifenblasen laufen über

Tipp

Dieses Spiel funktioniert auch mit einem Strohhalm in der Badewanne. Da verliert jeder seine Wasserscheu! Keine Angst – ein Kind probiert die Seifenlösung höchstens ein Mal!

Alter: ab 15 Monate

Vorbereitungsaufwand: gering

Angesprochene Kompetenzen: Mundmotorik, Mundgefühl

Material: Plastikschüssel, Badehandtuch, Wasserglas, Strohhalm, Spülmittel

Vorbereitung: Das Badehandtuch ausbreiten und die Plastikschüssel darauf stellen. Das Glas mit Wasser und einigen Tropfen Spülmittel füllen.

So geht's:

Das Kind nimmt den Strohhalm und bläst in das Wasserglas. Nach und nach entstehen viele Seifenblasen, die aus dem Glas in die Schüssel quellen und aus der Schüssel auf das Badetuch. Wenn das kein Seifenblasenfest ist!

Immer mehr und mehr ...

Schön weich und glitschig

12 – 24 Monate

Klänge spüren

„Klingt das toll!"

„... uiiii; das kribbelt auf meinem Bauch!"

Alter: ab 15 Monate

Vorbereitungsaufwand: keinen

Angesprochene Kompetenzen: Tastsinn, auditiver Sinn, Hand-Auge-Koordination

Material: Klangschale, Klöppel

Vorbereitung: keine

So geht's:
Legen Sie dem Kind die Klangschale in die Handinnenfläche. Wenn es die Schale noch nicht alleine halten kann, legen Sie Ihre Hand unter die des Kindes. Dann schlagen Sie die Klangschale mit dem Klöppel an. Die Schallwellen sind in der Hand als leichtes Kitzeln spürbar. Die Klangschale kann auch auf jede andere Körperstelle platziert werden.

Tipp

Wenn Sie eine ganz große Klangschale haben, können Sie sich auch gemeinsam mit dem Kind in die Schale hineinstellen und sie anschlagen. Dann spüren Sie den Klang im ganzen Körper.

Schneeeeeller Backspaß

„Ich rolle das Hörnchen!"

Alter: ab 18 Monate
Vorbereitungsaufwand: gering

Angesprochene Kompetenzen: Tastsinn, Geruchssinn, Geschmackssinn, Feinmotorik

Material: Backhörnchen (Kühlregal)

Vorbereitung: Backpapier auf ein Backblech legen

So geht's:

Öffnen Sie die Packung und trennen Sie die Teigdreiecke an den vorgesehenen Stellen. Legen Sie die breite Seite zum Kind und lassen Sie es den Teig zusammenrollen. Manchmal müssen Sie die erste Umdrehung rollen, damit das Kind den Anfang findet. Der Teig kann aber auch zusammengefaltet werden. Sie werden sich wundern, wie gut auch die am ungewöhnlichsten geformten Hörnchen nach dem Backen schmecken!

Uii, soo viele glitzernde Feuersternchen …

Feuerwerk

Tipp
Besonders schön ist das Spiel mit den längeren Midi-Wunderkerzen. Wiederholen Sie es auch mal zu den Klängen der Feuerwerksmusik von Händel.

Alter: ab 18 Monate

Vorbereitungsaufwand: gering

Angesprochene Kompetenzen: Visueller Sinn, auditiver Sinn, Konzentration, Geruchssinn

Material: Wunderkerzen

Vorbereitung: keine

So geht's:

Ein kleines Kind kann das Feuerwerk in der Dunkelheit noch nicht aushalten. Daher machen Sie es bitte, wenn es noch hell ist. Achten Sie auf einen feuerfesten Untergrund. Am besten setzen Sie sich auf die andere Seite und genießen die kindliche Faszination.

Wassertropfen

Alter: ab 18 Monate

Vorbereitungsaufwand: mittel

Angesprochene Kompetenzen: Feinmotorik, visueller Sinn, Körperwahrnehmung, Hand-Auge-Koordination

Material: Pipetten (Bastelbedarf, Apotheke), Wasser, Badehandtuch

Vorbereitung: Kaltes Wasser in die Pipette füllen.

So geht's:
Setzen Sie sich gemeinsam auf das Badehandtuch. Zu dem Lied „Guten Morgen - fühl das Wasser mit mir" tropfen Sie einige Tropfen in die Handinnenfläche des Kindes und der eigenen. Verreiben Sie das Wasser. Lassen Sie das Kind auch Wasser aus der Pipette tropfen.

Spürst du, wie es tropft?

Gerüche erleben

Alter: ab 18 Monate

Vorbereitungsaufwand: gering

Angesprochene Kompetenzen:
Geruchssinn, Tastsinn

Material: Kräuter, Blumen, Früchte Gemüse, Teller

Vorbereitung: Die Geruchsprobe auf einen Teller legen.

So geht's:

Wählen Sie immer nur eine Geruchsprobe! Lassen Sie dem Kind Zeit den Gegenstand zu ertasten und zu riechen. Machen Sie mit! Unser Geruchssinn kann nach drei Geruchsproben die Gerüche nicht mehr unterscheiden. Konzentrieren Sie sich daher immer nur auf eine Probe!

Untertauchen

Alter: ab 18 Monate
Vorbereitungsaufwand: gering

Angesprochene Kompetenzen:
Auditiver Sinn, Körperwahrnehmung

Material: Dosierkugeln von Flüssigwaschmitteln (2 pro Person)
Alternativ: Kugelförmige Joghurtbecher

Vorbereitung: keine

So geht's:
Lassen Sie das Kind mit den Kugeln spielen. Nach einer Weile legen Sie sich die Kugel an eines Ihrer Ohren. Das Kind macht es nach. Sprechen Sie mit dem Kind, wenn es die Kugeln über den Ohren hat. Es klingt, als ob der Kopf unter Wasser wäre. Wer öfter mal mit den Dosierkugeln untertaucht, dem fällt es oft leichter den Kopf beim Haarewaschen abspülen zu lassen oder unterzutauchen.

Alles hört sich ganz anders an!

12 - 24 Monate

Tipp

Gestalten Sie Ihre Geschmacksreisen spielerisch. Wenn Sie merken, dass Ihr Kind mal keine Lust hat, lassen Sie es sein.

Genussfreuden

Alter: ab 18 Monate
Vorbereitungsaufwand: gering

Angesprochene Kompetenzen: Tastsinn, Geschmackssinn

Material: Früchte, Gemüse, Nahrungsmittel aller Art

Vorbereitung: keine

Genießerlied

Text: Ute Lantelme
Melodie: überliefert (Suse liebe Suse)

In der ersten Strophe singen Sie: „Fühl den Fenchel mit mir …"
In der zweiten Strophe singen Sie: „Riech den Fenchel mit mir …."
In der dritten Strophe singen Sie: „Schmeck den Fenchel mit mir …"

So geht's:

Das Kind erhält ein Stück Obst oder Gemüse, das es bereits essen darf. Singen Sie die einzelnen Strophen zu jedem Genusserlebnis mindestens zweimal. Lassen Sie sich und Ihrem Kind viel Zeit das Lebensmittel zu erkunden. Der Geschmackssinn von Kindern ist um ein Vielfaches empfindlicher als der von Erwachsenen. Ein Kind muss ein Lebensmittel bis zu 50mal probieren, bevor es entscheidet, ob es ihm schmeckt. Unternehmen Sie gemeinsam viele Genussreisen und lassen Ihrem Kind dabei die Möglichkeit, sehr viel zu experimentieren und selbst zu machen. Schneiden Sie z. B. Eier oder Mozzarella mit dem Eierschneider u. Ä. Je mehr Möglichkeiten das Kind hat, selbst Erfahrungen mit einem Lebensmittel zu machen, desto eher wird es diese probieren und seine Geschmackserfahrungen erweitern.

Bunte Früchte

Tipp

Befassen Sie sich zusammen mit dem Kind pro Woche immer nur mit einer Frucht: Kleben Sie diese auf ein kontrastfarbiges DIN-A4-Blatt. In den nächsten Tagen sprechen Sie über die Frucht, lassen Sie das Kind sie befühlen, bearbeiten, riechen und schmecken. So macht es umfassende Erfahrungen mit dieser Frucht und lernt dazu einen großen Wortschatz. Von Woche zu Woche entsteht so langsam eine Galerie und ein unglaublicher Erfahrungsschatz für das Kind.

Genauso gut wie Früchte können auch unterschiedliche Gemüse oder Tiere mit Lebensmittelfarbe gefärbt werden. Ein bunter Fisch oder eine Aubergine sehen richtig klasse aus. Die einfachen Bilder aus Bilderbüchern sind gut als Vorlage geeignet.

Alter: ab 12 Monate
Technik: wischen
Vorbereitungsaufwand: mittel

Material: Weißes Tonpapier DIN-A4 oder DIN-A3, Creme (am besten leichte Gesichtscreme für Babys), Lebensmittelfarbe in gelb und rot

Vorbereitung: Die Creme mit der Lebensmittelfarbe in gelb, orange und rot färben. Dazu reichen wenige Tropfen der Lebensmittelfarbe. Pro Farbe etwa einen Esslöffel Creme anrühren.

So geht's:
Das Kind taucht seine Finger in die farbige Creme und verschmiert sie nach Herzenslust auf der Frucht. Wenn es mit seinem Werk zufrieden ist, werden die Früchte an der Pinnwand oder am Kühlschrank aufgehängt.

Mal- und Kopiervorlage
Illustration: Elvira Habermann

12 - 24 Monate

Duftender Bilderrahmen

Alter: ab 18 Monate
Technik: legen, schütten
Vorbereitungsaufwand: keinen

Material: Bilderrahmen aus hellem Holz, Kaffeebohnen, rote Linsen, Klebstoff

Vorbereitung: Die Erwachsenen tragen nacheinander auf jeder Seite des Rahmens den Klebstoff auf.

So geht's:
Die Kinder legen/schütten die Kaffeebohnen und Linsen auf die jeweils beklebte Leiste des Rahmens.

Herzliche Grüße

Alter: ab 18 Monate
Technik: streuen, löffeln
Vorbereitungsaufwand: gering

Material: 1 DIN-A4-Blatt Tonkarton in weiß, rosa oder rot, Doppelseitiges Klebeband
Grußkarte 1: Roter Dekosand
Grußkarte 2: Dekoherzen (Schreibwarenhandel), Dekosand in rot

Vorbereitung: Den Tonkarton in zwei DIN-A5-große Teile schneiden. Diese zu jeweils einer Doppelkarte knicken.

Grußkarte 1: Aus dem doppelseitigen Klebeband ein Herz ausschneiden und beliebig auf eine der Karten kleben. Die Schutzfolie dran lassen.
Grußkarte 2: Einen Streifen doppelseitiges Klebeband in beliebiger Breite und Länge auf die Karte kleben. Die Schutzfolie dran lassen.

So geht's:
Die Kinder entfernen mit Hilfe eines Erwachsenen die Schutzfolie vom Klebeband.

Grußkarte 1:
Mit dem Löffel oder den Fingern nehmen sie den Sand auf und streuen ihn über die Karte. Ein Erwachsener schüttet den Sand auf der Karte so lange hin und her, bis die gesamte Klebefläche mit Sand bedeckt ist. Den restlichen Sand wieder in die Packung zurückgeben.

Grußkarte 2:
Das Kind klebt zuerst einige der Dekoherzchen auf dem Klebebandstreifen fest. Danach streut oder löffelt es wie oben beschrieben den Sand auf die Karte, bis die gesamte Klebefläche bedeckt ist.

Meister-Werker

Blättertanz

Alter: ab 12 Monate
Technik: wischen, drücken
Vorbereitungsaufwand: mittel

Material: Gepresste Herbstblätter, weißes Tonpapier DIN-A4 oder DIN-A3, doppelseitiges Klebeband, Creme (am besten leichte Gesichtscreme für Babys), Lebensmittelfarbe in gelb und rot

Vorbereitung: Mindestens drei Tage vor der geplanten Bastelaktion Herbstblätter pressen. Die Creme mit der Lebensmittelfarbe in gelb, orange und rot färben. Dazu reichen wenige Tropfen der Lebensmittelfarbe. Pro Farbe etwa einen Esslöffel Creme anrühren. Das doppelseitige Klebeband in etwa 1 x 1 cm große Stücke schneiden und auf die Blätter kleben. Bei großen Blättern 2 - 3 Klebestücke benutzen. Die Schutzfolie bitte noch nicht abziehen.

So geht's:
Das Kind taucht seine Finger in die farbige Creme und verschmiert sie nach Herzenslust auf dem Tonpapier. Wenn es mit seinem Wischbild zufrieden ist, werden die getrockneten Herbst-Blätter aufgeklebt. Dazu die Schutzfolie vom Klebeband abziehen. Die Blätter werden auf dem Wischbild platziert und vom Kind festgedrückt.

Tipp

Sammeln Sie viele Blätter, die sich in Form und Farbe unterscheiden, dann wird das Bild interessanter. Wenn Sie mit einem ganz kleinen Kind basteln, werden sicher einige Blätter zusammengedrückt und zerpflückt werden.

Fensterbild
Herbststimmung
mit Raureif

Alter: ab 15 Monate
Technik: drücken, streuen, (stanzen ab 24 Monate)
Vorbereitungsaufwand: mittel

Material: Tonpapier DIN-A4, Farbe nach Wahl, gepresste, kleine Blätter, ausgestanzte Schneeflocken, Salz, evtl. vermischt mit Streuglimmer, Selbstklebefolie (zwei Stücke im DIN-A5-Format), Schere, Cutter, Lineal, Stift, Klebstoff, eventuell Tacker und Tackerklammern (siehe Tipp)

Vorbereitung: Das Tonpapier in der Mitte falten und die Faltkante mit dem Daumen glatt streichen. Etwa 1,5 cm vom Rand entfernt einen Rahmen zeichnen. Das Innere der beiden aufeinanderliegenden Papierhälften mit dem Cutter herausschneiden. Dazwischen wird später das Bild geklebt.

So geht's:
Von einem Stück Selbstklebefolie das Papier abziehen. Das Kind legt gepresste Blätter darauf und streut etwas Salz auf die Folie. Von der zweiten Selbstklebefolie ebenfalls das Papier abziehen und auf die Collage kleben. Das Tonpapier wird aufgefaltet und innen mit Klebstoff bestrichen, dann die Collage dazwischen legen und den Rahmen zusammenklappen. Am besten ein paar Stunden zwischen zwei dicken Büchern trocknen lassen, damit die Folie auch gut mit dem Tonpapier zusammenklebt.

Tipp
Die Collage kann auch im Rahmen fest getackert werden. Das sieht besonders schön aus, wenn man sich ein Muster für die Tackerklammern überlegt und sie so gleich als Verzierung nutzt.

12 – 24 Monate

Mal- und Kopiervorlage
Illustration: Elvira Habermann

Meister-Werker

Raben im Karnevalskleid

Alter: ab 18 Monate
Technik: kleben
Vorbereitungsaufwand: mittel

Material: Schwarzer Fotokarton, gelbes Tonpapier, schwarze Tonpapierreste, schwarze und bunte Bastelfedern, Schere, Klebstoff

Vorbereitung: Die Rabenschablone auf den schwarzen Fotokarton aufzeichnen und ausschneiden. Aus dem gelben Tonpapier werden zwei kleine runde Augen, zwei Füße und der Schnabel ausgeschnitten. Aus den schwarzen Tonpapierresten zwei Pupillen ausschneiden. Gemäß dem Muster zusammenkleben, dabei die Flügel hinter dem Kopf und vor dem Körper befestigen.

So geht's:
Das Kind klebt die Federn auf Körper und Flügel. Am besten gleich zwei Raben basteln. Einen im Alltagskleid und einen im bunten Faschingskostüm.

Tipp

Sammeln Sie mit Ihrem Kind verschiedene Blätter und dünne Zweige. Pressen und trocknen Sie die Blätter. Lassen Sie Ihr Kind diese auf einen farbigen Tonkarton kleben. So finden die lustigen Raben sogar noch ein schönes Zuhause.

Rabenfasching (Ute Lantelme)

Der kleine Rabe namens Krah
Findet's Verkleiden wunderba(r).
Mit jedem bunten Federrest
Macht er sich schön fürs Faschingsfest
Und krächzt: „Krah, krah. Krah, krah. Krah, krah!
Jetzt bin ich schön, Hurra, hurra!"

Und ist sein schwarzes Kleid erst bunt,
Dann geht die Faschingsparty rund.
Er fliegt geschwind zum großen Ball -
Ach, wär' doch immer Karneval!
Dort in der bunten Rabenscha(r)
Hörst du „Aalaf, Helau, Krah, krah. Krah, krah!"

12 - 24 Monate

Frühlingserwachen
(Ute Lantelme)

Vorbei ist's jetzt mit Eis und Schnee.
Dem Winter sagen wir ade.
Betonung auf ade (laut sprechen), winken
Die Frühlingssonne steigt hinauf,
gibt ihre Wärme ab zuhauf.
Hände über den Kopf führen
Die Blumen erwachen 1, 2, 3
Triangel 1,2,3
Auch Tulpen und Primeln sind mit dabei.
Sieh, wie ist die Wiese grün,
auf der die bunten Blumen blüh'n.

Der Specht (Ute Lantelme)

Der Specht pocht laut und leise -
und schickt sein Klopfen auf die Reise.

Froschkonzert (Ute Lantelme)

Die Frösche können heute mit Leidenschaft quaken.
Sie geben ein Sommerkonzert für die Schnaken.

Himmlische Gäste
(Ute Lantelme)

Oben am Himmel lädt das Gewitter zum Feste.
Wolken und Wind sind die ersten Gäste.
Pusten
Als nächstes kommen die Regentropfen.
Hör, wie sie auf die Erde klopfen.
Leise mit den Fingern auf Trommel regnen
Dann dürfen auch die Lichter blitzen
Triangel
und hinterher die Donner flitzen.
Trommel mit Schlegel
Die Gäste machen tolle Sachen
und lassen's heute richtig krachen!
Trommel mit Schlegel
Wenn die Sonne wieder scheinen will,
werden die and'ren Gäste ganz still.

Klangdetektive

Sturm im Wald (Ute Lantelme)

Im Wald, da stehen viele Bäume,
sie flüstern leise ihre Träume.
Ab und zu Triangel leise anschlagen
Doch plötzlich da werden sie aufgeschreckt,
ein Sturm hat sie ganz unsanft geweckt.
Laut rasseln

Windgeheule (Ute Lantelme)

Heult der Wind „Hu, hu, huhu",
mach ich schnell die Fenster zu.
*Mit der Hand oder dem Schlegel
auf die Trommel schlagen*

Trommelmusik
(Ute Lantelme und Regine Magg)

Auf der Trommel bum, bum, bum
klopft die kleine Hand herum.
Wenn die Hand mal kräftig haut,
wird die Trommel ganz schön laut.
Doch dann, wenn ich es leise will,
bleibt die kleine Hand ganz still.

Pferdeschlitten
(Ute Lantelme)

Gemütlich schaukelt der Pferdeschlitten.
Über Schnee und Eis sind wir heut' schon geglitten.
Hörst du das Bimmeln, das glockenhelle?
So schön klingen kann nur eine Schelle!

Im Winter (Ute Lantelme)

Die Kälte klirrt,
der Schlitten irrt
Triangel
im weiten Wald.
Uns ist es kalt.
Wie geht es wohl den Tieren?
Nein, sie müssen nicht frieren.
Sie sind geschützt mit dickem Fell
und ziehen unseren Schlitten schnell
Schellen
durch den weiß verschneiten Wald.
Schon ist uns nicht mehr so kalt.
Wir freu'n uns an der schönen Sicht.
Das Feld glitzert im Sonnenlicht.

12 – 24 Monate

Uiiii, das macht Spaß!

Tipp
Dieser Kniereiter macht auf einem Pezziball besonders viel Spaß!

Lilablaue Elefanten (Ute Lantelme)

Komm ich zeig euch wie sie rannten,
die lilablauen Elefanten.
Wie sie schaukeln, wie sie stampfen
und dabei noch Gräser mampfen.
Oh ja, so ein Abenteuer, finden wir ganz ungeheuer.
Aber plötzlich, eins, zwei, drei,
ist der tolle Ritt vorbei.

Hoppeldihopp (Ute Lantelme)

Hoppeldi, hoppeldi, hoppeldi he -
Ich reit in der Sonne durch Gras und durch Klee

Hoppeldi, hoppeldi, hoppeldi ho -
Die Blumen sie duften und das mag ich so.

Hoppeldi, hoppeldi, hoppeldi hu -
Weiter und weiter so geht's immerzu.

Hoppeldi, hoppeldi, hoppeldi har -
Das schaukelt und ruckelt so ganz wunderbar.

Hoppeldi, hoppeldi, hoppeldi hi -
Ich lache und rufe ganz laut „Jippie"!

Hoppeldi, hoppeldi, hoppeldi hunter -
Vor lauter Übermut falle ich runter.
*Kind im Grundschlagtempo reiten lassen,
zum Schluss zwischen die Beine fallen lassen*

Tipp
Diesen Kniereiter Schritt für Schritt aufbauen. Für ein ganz kleines Kind mit 3 Strophen anfangen (1. …he, 3. …hu und letzte …hunter). Wenn die Aufnahmefähigkeit größer wird, nach und nach die anderen Strophen einfügen.

Elefant Amaranth (Ute Lantelme)

Melodie: Anja Baldauf

Elefant Amaranth stampft mit uns durchs Morgenland.
Kommt jetzt her, freut sich sehr – gib mir deine Hand.
Erst nach links – 1, 2, 3, 4,
dann nach rechts, so stampfen wir.
Elefant Amaranth stampft mit uns durchs Land.

Rückwärts stampft Amaranth, schau mal her wie er es macht.
Er passt gut auf, geht ganz sacht - hofft, dass es nicht kracht.
Erst nach links, so geht's im Nu,
dann nach rechts, schau nicht nur zu.
Elefant Amaranth stampft mit uns durchs Land.

Seitwärts geht Amaranth, läuft am warmen Meeresstrand.
Stapft herum, singt schrumm, schrumm – scharrt im weißen Sand.
Erst nach links, das macht ihm Spaß,
dann nach rechts, da wächst schon Gras.
Elefant Amaranth stampft mit uns durchs Land.

12 - 24 Monate

Windreise (Ute Lantelme)

Melodie: überliefert (Der Winter ist vergangen)

Der Wind, der weht ganz lieb-lich, denn er weht heut aus Süd. Die Wär-me macht mich glück-lich, da-von werd' ich nie müd'. Dann dreh ich mich im Krei-se aus tief-stem Herz er-freut. Das ist 'ne schö-ne Rei-se, die mö-gen al-le Leut'.

Wenn er die Luft durchschneidet, dann bläst der Wind aus Nord.
Wer das wie ich vermeidet, der geht ganz einfach fort.
Dann treibe ich im Kreise, zu einem schön'ren Ort.
Das ist 'ne lange Reise, wann bin ich endlich dort?

Und will der Wind mich wecken, dann pustet er aus Ost.
Das will mir gar nicht schmecken, denn dann schenkt er oft Frost.
Dann tanze ich im Kreise, schwindelig wird mir bald.
Das ist 'ne tolle Reise, nun ist mir nicht mehr kalt.

Der Wind braust heut aus Westen, ganz wild und ungestüm.
Er kann's am allerbesten, dafür ich ihn gern rühm'.
Dann wirb'le ich im Kreise, immerzu gern herum.
Das ist 'ne wilde Reise, zum Schluß, da fall ich um.

Bewegungs- freunde (Ute Lantelme)

Melodie: überliefert (Hänschen klein)

Wir ste-hen auf, ste-hen auf, la, la, la, la, la, la, la. Wir

ste-hen auf, ste-hen auf, la, la, la, la, la.

Wir stehen auf, stehen auf, lalalalalala
Wir stehen auf, stehen auf, lalalalala.

Wir recken uns ...
Wir schütteln uns ...
Wir bücken uns ...
Wir dehnen uns ... *in die Seite nach links und rechts*
Wir stampfen jetzt ...
Wir schleichen jetzt ...
Wir klopfen uns ...
Wir streicheln uns ...

Tipp

Dieses Lied kann bei jeder Gelegenheit gesungen werden. Auch langweilige Autofahrten können durch kleine Bewegungen schön verkürzt werden.

12 - 24 Monate

„Nanu, was wird denn das?".

Die Sonne <small>(Ute Lantelme)</small>

Ein runder Kreis in deiner Hand.
Was wird denn das? Ich bin gespannt.
Gelben Kreis in die Handinnenfläche des Kindes malen

Zwei Augen und ein Mund im Nu -
Augen und Mund in die Handinnenfläche malen

Und viele Striche noch dazu.
Sonnenstrahlen auf alle Finger malen

Schon sind wir fertig mit dem Malen,
wie schön kann jetzt die Sonne strahlen.

... eine gelbe Sonne ...

12 - 24 Monate

Schu (Ute Lantelme)

Die Schleiereule Schu
heult in der Nacht ganz laut „Huu, huu".
„Huu, huu" lang ausklingen lassen

Dann öffnet sie die Flügel breit
und fliegt ganz hoch und ziemlich weit.
*Arme zum „Fliegen" ausbreiten, hoch heben
und langsam senken*

Macht der Mond die Augen zu,
sagt Schu zum Abschied leis' „Huu, huu."
„Huu, huu" lang ausklingen lassen

Tipp

Dieses Spiel kann auch als Bewegungsspiel gespielt werden. Dazu aufstehen und dann erst die Flügel ausbreiten. Dann kann der Flugteil der Geschichte nach Lust und Laune verlängert werden. Zum Schluss setzen sich alle wieder und machen leise „Huu, huu."

Tut, Tut
(©2006 Ute Lantelme)

Tut, tut, toot -
Wir fahren heute Boot.
Tut, tut, tän -
Der Aff' ist Kapitän.
Tut, tut, tinkt -
Das Krokodil, das winkt.
Tut, tut, taffe -
An Bord ist 'ne Giraffe.
Tut, tut, togel -
Und ein roter Vogel.
Tut, tut, tanter -
Bordwache schiebt der Panther.
Die Faust hin und her schwimmen lassen. Für jedes Tier mit einem anderen Finger wackeln, dabei mit dem Daumen anfangen (= Affe) und dem kleinen Finger (=Panther) enden.

Sprachforscher

Zwickel, zwackel, Zwerge (Ute Lantelme)

Zwickel, zwackel, Zwerge
geh'n über hohe Berge.
*Mit den Fingern beider Hände
wackeln und die Hände überkreuz
nach oben führen*

Zwickel, zwackel, zwunter -
zum See geh'n sie herunter.
*Mit den Fingern beider Hände wackeln und
die Hände überkreuz nach unten führen*

Zwickel, zwackel, zwellen -
sie schaukeln mit den Wellen.
*Mit den Fingern beider Hände wackeln und
die Hände überkreuz in Wellenbewegungen führen*

Zwickel, zwackel, zwand -
da spazieren sie am Strand.
*Mit den Fingern beider Hände wackeln und
die Hände überkreuz aneinander vorbei und
wieder auseinander führen*

Zwickel, zwackel, zwüde -
jetzt sind die Zwerge müde.
*Mit den Fingern beider Hände wackeln und
die Hände langsam überkreuz führen*

Zwickel, zwackel, zwaf -
Da ruh'n sie jetzt im Schlaf.
*Die Handinnenflächen aneinander legen und
den Kopf darauf ablegen*

Windgebraus

(©2006 Ute Lantelme)

Wenn die wilden Winde brausen,
Kräftig pusten

segeln Blätter los zum Tanz,
dürfen auf und nieder sausen,
denn der Herbstwind, ja der kann's.
*Hände über den Kopf halten und segeln
und sausen lassen*

Aber ach, bei dieser Reise
wird der Wind auf einmal matt.
*Pusten, dabei immer schwächer
werden und aufhören*

Alle Blätter landen leise
auf der Erde Blatt für Blatt.
*Hände segeln langsamer und landen
eine auf der anderen auf dem Boden*

Tipp

Wenn die ganze Gruppe eng im Kreis zusammensitzt können die „Blätter" alle aufeinander landen und einen großen Handberg bilden.

12 - 24 Monate

Leuchtende Farben und leuchtende Auge

 Sprachforscher

Kritzelgeschichten

Kritzeln macht Spaß – selbst wir Großen kritzeln noch gern (beim Telefonieren, in Besprechungen ...). Kitzelspuren können mit vielerlei Materialien hinterlassen werden. Ist der Künstler ein junges Kind, das Stifte noch gerne in den Mund steckt, eignen sich Mehl- und Cremefarben besonders gut.

Zubereitung der „Farben"

1. Mehlfarbe
Ca. 1/2 Tasse Mehl, ca. 1/8 Tasse Wasser, 1 Teelöffel Öl, Lebensmittel- oder Naturfarbe (Karotten- oder Rote Beete-Saft, Safran) Alle Zutaten gut mischen, Wasser nach und nach dazu geben, bis eine cremige Konsistenz entsteht.

2. Cremefarbe
Eine kleine Packung (Probepackung) Baby-Softcreme, Lebensmittelfarbe. Alle Zutaten gut mischen. Lebensmittelfarbe nach und nach dazugeben, bis die gewünschte Farbintensität erreicht ist. Zum Malen von weiß auf dunklem Untergrund eignet sich Wundschutzcreme besonders gut. Für alle anderen Farben ist die leichte Konsistenz von Softcreme am besten geeignet. Von anderer Creme wird das Papier zu fettig.

Krikel-krakel-Spektakel (Ute Lantelme)

1.
Mit bunten Stiften - krikel, krakel -
das ist ein tolles Farbspektakel!

2.
Ich krikel-krakel manche Stund',
zum Schluss ist mein Papier schön bunt.

12 - 24 Monate

Noch mehr Kritzelgeschichten

Regen (Ute Lantelme)

Die Wolken sind heut' ganz schön munter
und regnen auf die Erde runter.

Ein „geschlagenes" Bild (Ute Lantelme)

Pünktchen, Pünktchen fallen runter -
mein weißes Blatt wird immer bunter.

Schneegestöber (Ute Lantelme)

Schneegestöber, wilder Wind,
dicke Flocken tanzen geschwind.

Schneewolken (Ute Lantelme)

Am Himmel ist es heute nett.
Die Wolken sind ganz dick und fett.
Doch wenn wir sie nur freundlich locken,
fallen viele weiße Flocken.

Das Meer (Ute Lantelme)

Mit blauer Farb' mal' ich das Meer,
die Wellen wogen hin und her.

Verlaufen (Ute Lantelme)

Schnüffel, schnaffel, schnaufen -
Jetzt hab' ich mich verlaufen.

Fühlen, Schütten und Gestalten

Alter: ab 24 Monate

Vorbereitungsaufwand: gering

Angesprochene Kompetenzen: Hand-Auge-Koordination, Tastsinn, kinästhetischer Sinn

Material: Plastikschälchen, Backblech, Holzstab oder Kochlöffel, rote und gelbe Biolinsen, Bio-Popkornmais, rote Kidney-Bohnen (Bio), Trockenerbsen (Bio), (Bio)Reis

Vorbereitung: Linsen, Mais, Erbsen und Bohnen in kleine Plastikschälchen füllen.

So geht's:
Die Kinder schütten das Hauptmaterial (Reis) auf ein Backblech. Sie erhalten zusätzlich die Schälchen mit den verschiedenen Materialien. Sie können mit dem Kochlöffelstiel Muster „zeichnen" und mit den Hülsenfrüchten immer wieder neue Muster legen.

Tipp
Wer groß ist, sucht die Herausforderung: Wenn das Kunstwerk verworfen wird, schütten Sie die Materialien nicht weg. Aus dieser Mischung können Bohnen, Maiskörner etc. wieder herausgepickt und sortiert werden. Das macht Spaß, schult die Konzentration, die Hand-Auge-Koordination, den visuellen und den Tastsinn sowie die Feinmotorik. Lassen Sie sich nicht von den sortierten Materialien, die plötzlich wieder vermischt werden, frustrieren. Das ist der Beginn für ein neues Sortierspiel. Entweder am gleichen oder an einem andern Tag. Wenn Sie alle Materialien und Behälter in einer großen Kiste mit Deckel aufbewahren, kann das Schütt- und Sortiervergnügen sauber verstaut und schnell wieder hergezaubert werden.

Wahrnehmungsforscher

Schwupps, ist die Wanne voll!

24 - 36 Monate

Körperwärme

Alter: ab 24 Monate

Vorbereitungsaufwand: gering

Angesprochene Kompetenzen: Tastsinn, Körperwahrnehmung

Vorbereitung: Ein Gedicht nach Wahl auswendig lernen.

So geht's:

Wärmezauber (© 2007 Ute Lantelme)

Ist es draußen bitterkalt -
Frieren meine Hände bald -
Auch die Nase, das Gesicht -
Und das mag ich wirklich nicht!
Reibe ich die Hände doll -
Wärmen sie ganz wundervoll -
Erst die Nase, dann's Gesicht -
Das ist toll, findest Du nicht?!
Zuerst die angesprochenen Körperteile zeigen, dann die Hände reiben und die angesprochenen Stellen wärmen

Sonne scheine (© 2007 Ute Lantelme)

Scheine, Sonne, scheine – wärme mein Gesicht,
schein auf meine Arme, vergiss die Hände nicht.
Hände aufs Gesicht legen, über die Arme bis zu den Händen streichen

Sonne, Sonne scheine, schein mir auf den Bauch,
mein Hals und auch mein Rücken spüren deinen Hauch.
Über Bauch, Hals und Rücken streichen

Scheine, Sonne, scheine – wärme meinen Po,
und auch meine Beine, das gefällt mir so.
Über Po und Oberschenkel streichen

Sonne, Sonne scheine, wärme meine Knie,
sogar meine Waden genießen heut' wie nie.
Über Knie und Waden streichen

Scheine, Sonne, scheine – schein auf meine Füße,
meine Zehen wackeln dir dankbar schöne Grüße.
Über die Füße streichen und mit den Zehen wackeln

„Reibe ich die Hände doll, wärmen sie ganz wundervoll!"

Blumen-zauber

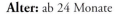

Alter: ab 24 Monate
Vorbereitungsaufwand: gering

Angesprochene Kompetenzen: Tastsinn, visueller Sinn, Konzentration
Material: Seidentücher in verschiedenen Farben

So geht's:
Knüllen Sie das Seidentuch zwischen beiden Händen zusammen und umschließen es fest. Setzen Sie sich damit vor das Kind. Sagen Sie folgenden Spruch:

Blumenzauber (Ute Lantelme)

Die Blumen schlafen jetzt noch fest.
Die Sonn ist's, die sie wachsen lässt -
Mit ihrer Wärme, ihrem Licht.
Dann zeigt die Blume ihr Gesicht:

Dabei öffnen Sie langsam Ihre Hände und lassen die Seidenblüte hervorquellen. Dann schenken Sie die gelbe Blüte dem Kind. Nach mehreren Wiederholungen will es auch Blumen wachsen lassen. Am besten haben Sie mindestens zwei Farben zur Verfügung.

Schnecken Zirkus

Alter: 24 Monate

Vorbereitungsaufwand: gering

Angesprochene Kompetenzen: Konzentration, visueller Sinn, Tastsinn, Körperwahrnehmung

Material: Große Glasschüssel mit glatten Wänden, mindestens 8 Schnecken, Kindertische

Vorbereitung: Die Schnecken am besten in der Dämmerung sammeln und in einem Glas mit Luftlöchern und Blättern übernachten lassen.

So geht's:
Die Glasschüssel in die Mitte des Tisches stellen. Nach und nach eine Schnecke nach der anderen auf den Boden der Glasschüssel setzen. Die Schnecken erkunden die Schüssel. Dabei kriechen sie nach oben und die Kinder können genau beobachten, wie sie sich vorwärts bewegen. Nach einer Weile kriechen viele Schnecken auf dem oberen Rand der Glasschüssel entlang. Wenn sie sich begegnen, kriechen sie übereinander. Dabei stürzt schon mal eine Schnecke ab. Aber stürzt sie auch nach unten? Nein, echte Artisten haben allerlei Tricks parat!

Dieses Spektakel begeistert leicht eine halbe Stunde lang. Wer ganz mutig ist, lässt auch mal einen der Artisten über seine Hand kriechen.
Am Ende wird die Schüssel in den Garten oder auf eine Wiese gestellt. Wie lange es wohl dauert, bis die Schnecken verschwunden sind?

 Wahrnehmungsforscher

Erfrischung für Füße und Beine

Alter: 24 Monate
Vorbereitungsaufwand: gering

Angesprochene Kompetenzen: Tastsinn, visueller Sinn, Geruchssinn, Feinmotorik, kreative Kompetenz

Material: Parfümfreie Körperlotion, Kräuter (Rosmarin, anregend; Petersilie oder Dill, erfrischend; Beinwell, gut bei schweren Beinen), Handmixer oder Mörser, Schüssel und Kochlöffel, dicke Pinsel

Vorbereitung: Die Kräuter im Handmixer oder Mörser zerkleinern. Körperlotion dazu mischen. Sich bequem auf ein großes Handtuch legen. Kleine Handtücher oder Waschlappen und eine Schüssel mit lauwarmem Wasser bereitstellen.

So geht's:
Lassen Sie das Kind die Kräuter-Creme-Mischung auf den Beinen eines Erwachsenen verteilen. Oft werden die eingecremten Beine noch mit Blüten verziert. Wenn alle zufrieden sind, dürfen die Beine mit den vorbereiteten Tüchern wieder abgewaschen werden. Natürlich macht dieses Spiel auch dem Kind Spaß – und die Rollen dürfen natürlich getauscht werden!

Tipp

Dieses Spiel eignet sich sehr gut, um müden Eltern eine kleine Verschnaufpause zu verschaffen. Jedes Kind malt sehr lange und gerne an den Beinen herum. Wenn anschließend eine Dusche mit eingeplant wird, ist es eine sehr entspannende und wohltuende Aktion. Auch das Kind lässt sich gerne so „behandeln". Wenn unterschiedliche Kräuter, Blüten oder gar mit Lebensmittelfarbe gefärbte Lotionen ins Spiel kommen, kann das Spiel oft wiederholt werden. Sogar für einen Teenager ist dieses Spiel noch verlockend!

24 - 36 Monate

Heiß und Kalt

Alter: ab 24 Monate
Vorbereitungsaufwand: gering

Angesprochene Kompetenzen: Tastsinn, Materialerfahrung
Material: Luftballons für Wasserbomben, Wasser, Handwärmer, Kirschkernsäckchen, möglichst einfarbiges Badehandtuch
Vorbereitung: Wasserbomben mit Wasser füllen und einfrieren (spätestens am Vortag)

So geht's:
Entfernen Sie als erstes die Eisbälle aus den Luftballonhüllen. Am besten machen Sie das außerhalb der Reichweite des Kindes. Legen Sie ein großes Handtuch zum Auffangen des Schmelzwassers unter. Das Kind experimentiert und erkundet das Eis. Seine Hände werden kalt. Wenn es keine Lust mehr hat, bieten Sie ihm Wärme in Form eines warmen Kirschkernsäckchens oder eines Handwärmers an.

Wahrnehmungsforscher

Sprung ins Wasser

Alter: ab 24 Monate
Vorbereitungsaufwand: gering

Angesprochene Kompetenzen: Grobmotorik, Gleichgewichts- und Tastsinn
Material: Handtücher (möglichst blau), 2 Kinderfußbänke, Holzbrett
Vorbereitung: Ein Handtuch wird nass gemacht, ausgewrungen und auf die Erde gelegt. Links und rechts davon werden die Fußbänke aufgestellt und ein Brett darüber gelegt. Mit den anderen Handtüchern legen Sie einen Kreis, der von dem einen Ende des nassen Handtuchs zum anderen führt.

So geht's:
Das Kind geht barfuß über die Brücke. Wer hat Lust auf eine Abkühlung? Dann geht's mit einem Sprung ins „Wasser". Während der Runde zum nächsten Sprung, werden die Füße auf den anderen Handtüchern wieder getrocknet und der nächste Sprung bringt wieder eine tolle Abkühlung!

Tipp

Dieses Spiel ist eine Wohltat für die Füße an heißen Sommertagen – auch die eines Erwachsenen! Besonders realistisch wirkt der Sprung ins Wasser, wenn unter dem nassen Handtuch eine Isomatte liegt.

24 - 36 Monate

Wahrnehmungsforscher

Butter schütteln,
Kräuterbutter zaubern

Alter: ab 24 Monate möglich, besser ab 30 Monate (längere Ausdauer)
Vorbereitungsaufwand: gering

Angesprochene Kompetenzen:
Tastsinn, visueller Sinn, Geruchs-, Geschmackssinn, Feinmotorik

Material: Sahne (am besten Bio), Babyfläschchen, Teller, Glas, Messer, 1 Scheibe Brot, Brötchen, gehackte Kräuter

Vorbereitung: Füllen Sie ca. 50-80 ml Sahne in das Fläschchen und verschließen Sie es fest.

So geht's:
Geben Sie dem Kind das mit Sahne gefüllte Fläschchen, damit es es schüttelt. Es ist völlig egal, wie es geschüttelt wird. Ein jüngeres Kind hat aber nicht immer die Ausdauer, die Flasche so lange zu schütteln, bis Schlagsahne entsteht. Ein Erwachsener braucht ungefähr 2 Minuten, um Schlagsahne und 2,5 Minuten um Butter zu schütteln. Lösen Sie das Kind zwischendurch ab, wenn es das möchte, und schütteln Sie dann ganz kräftig. Lassen Sie dann Ihr Kind wieder übernehmen, wenn Sie merken, dass der Inhalt fest wird. Es kann dann spüren, dass sich die Flasche beim Schütteln anders anfühlt. Jetzt kann zuerst die Schlagsahne probiert werden. „Hm, lecker!" So gestärkt reicht die Kraft für den Endspurt. Die Flasche muss jetzt ganz heftig geschüttelt werden. Plötzlich schwappen die Milch und die Butter getrennt voneinander umher. Die Flüssigkeit in ein Glas gießen – noch nie hat Milch so gut geschmeckt wie diese. Die Butter aus der Flasche schütteln und auf das vorbereitete Brot streichen. Für die Kräuterbutter einfach gehackte (auch tiefgekühlte) Kräuter mit ins Fläschchen geben und losschütteln.

Wann wird es endlich Butter?

Wäsche-pflege

Alter: ab 24 Monate
Vorbereitungsaufwand: gering

Angesprochene Kompetenzen:
Tastsinn, visueller Sinn

Material: Seidentücher in verschiedenen Farben, Wäscheleine, Klammern (Steckklammer oder leichtgängige Klammern), Wäschekorb

Vorbereitung: Wäscheleine in kindgerechter Höhe aufhängen

So geht's:
Die Kinder bekommen den Wäschekorb und die Klammern. Dann dürfen sie loslegen. Freuen Sie sich über das farbenfrohe Bild, das sie zaubern.

Tipp

Für dieses Spiel eignen sich auch Windeln, Geschirrtücher und Schwammtücher. Suchen Sie möglichst bunte Wäsche zusammen, dann macht es mehr Spaß!

Besondere Aktion
Färben Sie an einem schönen Tag die Wäsche im Garten mit dem Kind im Eimer mit Kaltbatikfarbe. Wenn Sie die Farbe danach mit einem handelsüblichen Fixiermittel festigen, überlebt diese Wäsche auch mehrere Waschgänge ohne auszufärben.

... und jetzt noch ein bisschen Rot ...

Meister-Werker

Stempel-kunst

Keilrahmen mit Grundfarbe bemalen, Luftballon in Farbe eintunken und auf Keilrahmen stempeln

Alter: ab 24 Monate
Technik: rollen, wischen, stempeln
Vorbereitungsaufwand: gering

Material: Keilrahmen (ca 20 x 20 cm, bespannt), 1 Luftballon, 1 Lackrollenhalter mit Schaumstoffrolle, Farbe (z. B. Cromar- oder Zauberfarbe), Kuchenteller
Vorbereitung: Den Luftballon schwach aufblasen, so dass ihn das Kind gut in die Hand nehmen kann.

So geht's:
Die von dem Kind gewählte Grundfarbe auf den Teller geben. Das Kind rollt die Lackrolle durch die Farbe und trägt diese dann auf dem Keilrahmen auf. Wenn die Farbe trocken ist, kann der Rahmen bestempelt werden. Das Trocknen dauert - je nach Farbe - 2 bis 8 Stunden!
3-5 kleine Farbkleckse in zwei, höchstens drei verschiedenen Farben) auf den Teller geben. Dann den Luftballon einmal in die Farbkleckse drücken. Das Kind darf jetzt beliebig auf den Keilrahmen stempeln. Nach drei bis vier mal Stempeln ist die Farbe verbraucht. Achten Sie darauf, dass das Kind keine Schmierbewegungen macht, da sich dann die Farbe meist zu einem unansehnlichen Braun vermischt. Wenn die Farbeffekte noch nicht gefallen, kann jetzt mit einer anderen Seite des Luftballons eine weitere Farbe aufgetragen werden. Dafür empfiehlt es sich, nur einen bis zwei Farbkleckse auf den Teller zu geben.

Tipp

Probieren Sie diese Technik auf normalem Papier aus, bevor Sie sich an einen Keilrahmen machen. Wenn Sie mit Cromarfarben arbeiten, können Sie braun verschmierte Bilder abwaschen und noch mal neu starten.

24 - 36 Monate

Marmorierte Lesezeichen

Alter: ab 24 Monate
Technik: eintauchen
Vorbereitungsaufwand: gering

Material: Flache Schale, Cromarfarben nach Wahl, Sonnenblumenöl, kleine Schraubgläschen, weißes Papier, Wasser, Laminiergerät und –folie (Ersatz: Selbstklebefolie), Rollschneider (Ersatz: Schere), Wollfaden, dünnes Geschenkband, Glitzerkordel

Vorbereitung: Im Schraubgläschen jeweils 2/3 Farbe mit 1/3 Öl gut vermischen. Es genügen kleine Mengen! Das Papier in DIN-A5-Stücke schneiden. In die Schale Wasser füllen und die verschieden Farben darauf tropfen.

So geht's:
Das Kind legt ein Papier aufs Wasser und zieht es wieder heraus. Das so marmorierte Papier lässt man mit der Farbseite nach oben auf Zeitungspapier trocknen, schneidet es danach in Lesezeichenform und laminiert es anschließend. Wer mag, dreht eine Kordel und verziert das gelochte Lesezeichen damit.

Tipp

Das Lesezeichen wird noch schöner, wenn die Ränder vor dem Laminieren mit einer Zackenschere geschnitten werden.

Winterwunderwelt

Alter: ab 24 Monate
Technik: wischen, schneiden, streuen, kleben, tupfen, stanzen
Vorbereitungsaufwand: mittel

Material: Graues oder hellblaues Tonpapier (DIN A5), silberner Streuglimmer, weiße Fingerfarbe, Motivlocher für Schneekristalle, weißes Papier (1 Blatt oder Reste), weiße Schutzfolie von Verpackungen (z. B. von Elektrogeräten), Wattestäbchen, Glimmerkleber, Klebestift (lösungsmittelfrei), Borstenpinsel

Vorbereitung: Quadrate (5 x 5 cm) von der Schutzfolie abschneiden und diese quer in Dreiecke teilen.

So geht's:
Das Kind legt beliebig viele zu einem Tannenbaum aufeinander und kleben diese mit Hilfe eines Erwachsenen auf dem Tonpapier fest. Dann stanzt es einige Schneekristalle aus dem weißen Papier und klebt diese ebenfalls auf das Bild. Als nächstes taucht es das Wattestäbchen in die weiße Farbe und tupft dicke Schneeflocken dazu. Wenn die Farbe trocken ist, wird etwas Glimmerkleber mit dem Pinsel auf dem ganzen Bild verstrichen und mit Silberglimmer bestreut.
Fertig ist die Winterwunderwelt.

Tipp

Natürlich können auch mehrere Tannen auf dem Winterbild gebaut werden. Ein größeres Kind kann die Schutzfolie auch schon selbst in Dreiecke schneiden. So lassen sich auch sehr schöne Grußkarten herstellen.

24 - 36 Monate

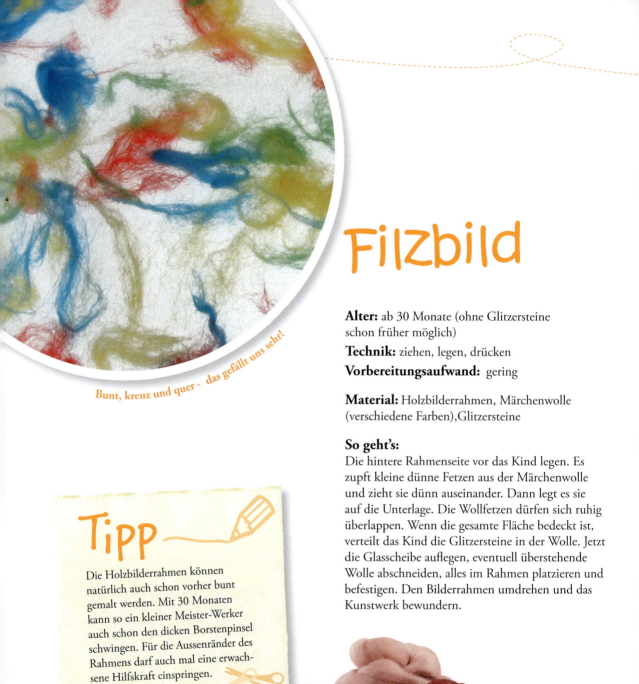

Bunt, kreuz und quer – das gefällt uns sehr!

Filzbild

Alter: ab 30 Monate (ohne Glitzersteine schon früher möglich)
Technik: ziehen, legen, drücken
Vorbereitungsaufwand: gering

Material: Holzbilderrahmen, Märchenwolle (verschiedene Farben), Glitzersteine

So geht's:
Die hintere Rahmenseite vor das Kind legen. Es zupft kleine dünne Fetzen aus der Märchenwolle und zieht sie dünn auseinander. Dann legt es sie auf die Unterlage. Die Wollfetzen dürfen sich ruhig überlappen. Wenn die gesamte Fläche bedeckt ist, verteilt das Kind die Glitzersteine in der Wolle. Jetzt die Glasscheibe auflegen, eventuell überstehende Wolle abschneiden, alles im Rahmen platzieren und befestigen. Den Bilderrahmen umdrehen und das Kunstwerk bewundern.

Tipp

Die Holzbilderrahmen können natürlich auch schon vorher bunt gemalt werden. Mit 30 Monaten kann so ein kleiner Meister-Werker auch schon den dicken Borstenpinsel schwingen. Für die Aussenränder des Rahmens darf auch mal eine erwachsene Hilfskraft einspringen.

Meister-Werker

Schimmernde Vase

Alter: ab 24 Monate
Vorbereitungsaufwand: gering

Material: Glasvase, Glimmerkleber, Streuglimmer im Streuer oder Dekosand, eventuell Pinsel zum Auftragen des Klebers

Vorbereitung: Glimmer in einen Salzstreuer füllen.

So geht's:
Das Kind drückt etwas Glimmerkleber aus der Flasche auf eine Seite der Vase. Wenn es zu viel Kleber ist, läuft er am Glas herunter und sollte von einem Erwachsenen vorsichtig reduziert werden. Dann wird der Glimmer aufgestreut. Es reicht, wenn eine Seite bestreut wird. Dann ist das Reinigen der Vase leichter. Natürlich können auch mehrere Farben verwendet werden. Dazu wird nach dem Trocknen der ersten Farbe erneut Kleber aufgetragen und bestreut. Das kann beliebig oft wiederholt werden.

Tipp
Wenn nur Dekosand verwendet wird, kann diese Bastelarbeit bereits mit Kindern ab 15 Monate durchgeführt werden.

Vasen mit Glimmer verzaubern

24 - 36 Monate | 91

Der Winterritt (Ute Lantelme)

Die Pferde traben in den Wald.
Schlagstäbe im Trab klopfen

Im Winter ist es ganz schön kalt.
Drum traben sie ganz schnell zum See
Schlagstäbe schneller klopfen

durch den tiefen weichen Schnee.
Das Eis ist glatt – sie geh'n im Schritt.
Schlagstäbe im Schritt klopfen

Es knirscht und klirrt - was für ein Ritt.
Triangel anschlagen

Tipp

Für besonders rhythmusstarke Kinder kann auch noch Galopp geklopft werden. Dazu die 3. Textzeile wie folgt ersetzen:
Drum galoppieren sie zum See
Schlagstäbe im Galopp klopfen

Die Werkstatt (Ute Lantelme)

In der Werkstatt hör' ich's klopfen -
lauter als die Regentropfen.
Holzblocktrommel und Schlagstäbe klopfen

Da wird gesägt und auch geschraubt,
Guiro streichen und Rührtrommel rühren

der Dreck vom Boden aufgeklaubt.
Jetzt kommt der Lack aufs Meisterstück.
Mit Jazzbesen auf Trommel streichen

Dann sind wir fertig – so ein Glück!
Triangel anschlagen

Der Abendhimmel (Ute Lantelme)

 oder

Schau mal, was in dunkler Nacht
der Abendhimmel alles macht:
Zuerst zeigt sich der Abendstern,
Chime

den mögen alle Kinder gern.
Dann kommt dazu der gute Mond,
Klangschale

der einfach über allem thront.
Manchmal jedoch sind die Sterne versteckt,
Cymbeln oder Triangel

von vielen Wolken zugedeckt.
Stille

Insektenrummel (Ute Lantelme)

Auf der Wiese ist heute Rummel,
da gibt's ein Insektengetummel.
Triangel

In den Rillen zirpen Grillen,
Guiro

auf der Maus reitet 'ne Laus.
Schlagstäbe

Lautes Gebrummel macht die Hummel,
Rassel

tolle Preise gewinnt die Ameise.
Chime

Und 'ne ganz besonders Schnelle
Ist die hübsche kleine Libelle.
Glockenspiel

Sommergewitter (Ute Lantelme)

Die Sonne scheint so heiß – ich schwitze.
Klangholz

Heut' haben wir 'ne Affenhitze!
Doch jetzt wird der Himmel langsam ganz grau
und auch der Wind bläst schon ganz rau.
Rassel leise

Am Fenster hör' ich's leise klopfen:
Das sind die ersten Regentropfen.
Handtrommel

Die Tropfen werden zum Regenschauer
und der Wind bläst jetzt noch rauer.
Rassel laut, Handtrommel lauter

Plötzlich ist es ein wildes Gewitter!
Da blitzt es und donnert's, so dass ich zitter'!
Trommel mit Schlegel, Triangel

Zum Glück verzieht sich das Unwetter schnell
und am Himmel wird es wieder hell.
Der Wind treibt die Wolken weg - ratzfatz!
Und die Sonne steht wieder an ihrem Platz.
Klangholz

24 - 36 Monate

Flug ins All (Ute Lantelme)

*Hände dreimal aneinander reiben,
im Spiel die Lunte entzünden, Kind
macht „Sch…"*

10. 9, 8, 7, 6, 5, 4, 3, 2, 1, knall!
Bei Knall in die Hände klatschen

Jetzt fliegt die Rakete hinauf ins All.
*Kind hoch über den Kopf fliegen lassen,
dann über die Schulter legen*

Und ist die Rakete genug geflogen,
Kind fragen

wird sie wieder hinab gezogen.
*Hinhocken, Kind langsam über die
Schulter zum Boden krabbeln lassen*

Adventsspaziergang (Ute Lantelme)

Die Kinder gehen in den Wald.
Erwachsener und Kind gehen Hand in Hand

Laufen auch schon alle bald.
Erwachsener und Kind rennen Hand in Hand umher

Bleiben angewurzelt stehn.
Erwachsener und Kind bleiben plötzlich stehen

Ob sie wohl das Christkind sehn?
*Erwachsener und Kind schauen mit der
Hand über den Augen suchend umher*

Die Pumpe Isabell (Ute Lantelme)

Die Pumpe Isabell
pumpt die Luft besonders schnell.
Pumpgeräusche (fff, fff, fff, fff)

Der Luftballon ist schon ganz prall.
Achtung gleich gibt's einen Knall!
Einmal in die Hände klatschen

Tipp

Dieses Spiel kann natürlich auch in der Herbst und Wintervariante gespielt werden. Es bietet sich an, Klanggeschichte und Bewegungsspiel in einer Einheit zu spielen. Den Teil „Laufen auch schon alle bald." lange laufen lassen. Den Kindern macht es einen Riesenspaß!

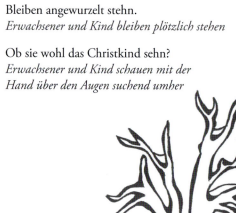

Körperabenteurer

Der Feuerlöscher (Ute Lantelme)

Wenn das Feuer prasselt und zischt,
sich unsere Neugier mit Angst vermischt,
Kind mit Gesicht zum Erwachsenen auf den Schoß nehmen und im Takt reiten lassen,

dann kommt die Feuerwehr gerannt,
löscht selbst den allergrößten Brand.
*Kind schneller reiten und „Schschsch, schschsch, schschsch" machen. Kind gut festhalten und zwischen den Beinen herunterneigen und „löschen" So lange löschen, solange das Kind den sch-Laut mitmacht.
Dann auf die Erde gleiten lassen*
Der Feuerlöscher ist leer.

Wandern auf unsicherem Grund

Alter: 24 Monate
Vorbereitungsaufwand: gering

Material: Kissen, Matte, Decke, Stillrolle, Aerostepper oder halbgefüllte Wasserbälle, Luftmatratze (3/4 aufgeblasen), Balancekissen, dickes Seil, Plastikschälchen

Vorbereitung:
Rollen Sie Matten und Decken zusammen. Legen Sie mit den Elementen, die Ihnen zur Verfügung stehen, einen kleinen Parcours aus. Wenn Sie Plastikschälchen haben, legen Sie sie mit der offenen Seite nach unten auf eine rutschfeste Unterlage (Teppich). Dann funktionieren sie genauso gut wie handelsübliche Balancierhalbkugeln.

So geht's:
Das Kind erobert die entstandene Landschaft. Balancieren Sie mit und lassen Sie es beim nächsten Mal mitgestalten. Ein herrlicher Bewegungsspaß an ungemütlichen Tagen!

Ameisen (Ute Lantelme)

Melodie: überliefert, Hänschen klein

Ameisen zieh'n hin und her,
auch mal kreuz und wieder quer.
Es herrscht immer viel Verkehr.
Da fällt Ordnung schwer.

Refrain
*Und Sie machen allerlei,
schleppen auch viel Zeug herbei.
Doch dann nehmen sie's genau,
mit dem großen Bau.*

Ameisen sind nicht dumm,
dreh'n sich immer wieder um.
Schau'n genau, das ist schlau,
auf den schönen Bau.
Refrain

Manchmal tanzen sie im Kreis,
immer rund geht dann die Reis'.
Schwindlig wird's und macht
bumm - alle fallen um.

Winterwald (Dörte Klehe und Ute Lantelme)

Melodie: überliefert, Bruder Jacob (Überarbeitung: Roland Höld)

2. Winterwald, Winterwald,
   mir ist kalt, mir ist kalt,
   muss mich wärmer anziehn,
   muss mich wärmer anziehn
   ich setz' die Mütze auf, ich setz' die Mütze auf.
3. ... ich zieh' die Handschuh' an, ich zieh' die Handschuh' an.
4. ... ich zieh' die Stiefel an, ich zieh' die Stiefel an.
5. ... ich knöpf' die Jacke zu, ich knöpf' die Jacke zu.

Wenn alle angezogen sind, geht das Spiel erst richtig los:

6. Winterwald, Winterwald,
   mir ist kalt, mir ist kalt,
   muss mich mehr bewegen,
   muss mich mehr bewegen
   ich steh' einfach auf, ich steh' einfach auf.
7. ... ich gehe munter los, ich gehe munter los
8. ... ich renne kreuz und quer
9. ... ich krieche drunter durch, ich krieche drunter durch (Stuhl, Tisch)
10. ... ich klett're hoch hinaus, ich klett're hoch hinaus
11. ... ich schleiche jetzt ganz leis', ich schleiche jetzt ganz leis'
12. ...

Tipp

Die entsprechenden Handbewegungen zu den einzelnen Strophen ausführen. Beim Bewegungsteil sind der Fantasie keine Grenzen gesetzt. Wem fallen die wildesten Bewegungen ein?

24 - 36 Monate

Körperspaß (Bettina Vogel und Ute Lantelme)

Text: Ute Lantelme und Bettina Vogel (Strophe 3 + 5)
Melodie: überliefert

Wir schauen mit den Au-gen ganz ein-fach hin und her, ganz ein-fach hin und

her, dann pus-ten wir die Luft aus, ja, das ge-fällt uns sehr.

Wir stampfen mit den Füßen
ganz einfach auf den Grund,
ganz einfach auf den Grund,
Und klopfen unsren Popo,
der ist schon kugelrund.

Wir streicheln Kopf und Nacken,
das machen wir ganz zart,
das machen wir ganz zart,
Und fühlen mal ans Kinn hin,
wächst da vielleicht ein Bart?

Wir patschen jetzt ganz langsam
auf unsre beiden Knie,
auf unsre beiden Knie,
Und zucken mit den Schultern,
das machen wir sonst nie.

Wir klatschen in die Hände,
das machen wir ganz laut,
das machen wir ganz laut,
Und hören mit den Ohren,
ob eine Katz miaut.

Nebelschwaden (Ute Lantelme)

Melodie: überliefert, Es tanzt ein Bi-Ba-Butzemann (Überarbeitung: Roland Höld)

Es tanzen Ni-Na-Nebelschwaden
in unserm Land herum – widebum.
Es tanzen Ni-Na-Nebelschwaden
in unserm Land herum.
Sie tanzen kreuz und tanzen quer
auch rückwärts, das gefällt heut sehr.
Es tanzen Ni-Na-Nebelschwaden
in unserm Land herum – widebum.

Es tanzen Ni-Na-Nebelschwaden
in unserm Land herum – widebum.
Es tanzen Ni-Na-Nebelschwaden
in unserm Land herum.
Sie schrumpfen und sie dehnen sich,
berühren und umarmen dich.
Es tanzen Ni-Na-Nebelschwaden
in unserm Land herum – widebum.

Geburtstagsfest (Ute Lantelme)

Geburtstag hat Melissa heute.
Es gibt Torte für die Leute.
Sie pustet alle Kerzen aus
*Eine Hand hochhalten, einen Finger nach
dem anderen auspusten und abknicken*

und gibt dann den Kuchen aus.
*Mit der flachen offenen Hand an alle
Anwesenden ein Kuchenstück verteilen*

Windhose (Ute Lantelme)

Pustet der Wind ganz wild ins Wasser
wird er nass und nass und nasser.
Kräftig pusten

Dabei kreist er ganz entzückt,
Mit der Hand wild kreisen

Die Schiffe werden gleich ver-rückt.
*Eine Hand wie eine Schale nach oben
halten und verrücken*

Tipp

In diesen beiden Fingerspielen „verstecken" sich Atemübungen. Diese unterstützen die Lautbildung. Die beiden Kniereiter „Die Pumpe Isabell" und „Der Feuerlöscher" auf Seite 94/95 gehören auch dazu.

Sprachforscher

Maulwurf Theodor (©2009 Ute Lantelme)

Der kleine Maulwurf Theodor
Mit den Händen eine spitze Form bilden

steht zögernd vor dem Gartentor.
Finger an den Mund legen

Hier ist es wirklich schrecklich heiß,
Stirn abwischen

von seiner Schnauze tropft der Schweiß.
*Mit den Fingerspitzen den Mund streichen
Schweiß mit zappelnden Fingern
herunter regnen lassen*

Bau ich 'nen Hügel hinterm Zaun
*Hügel in die Luft zeichnen und die Hände mit
gespreizten Finger zum Zaun aufstellen*

gleich unterm großen Walnussbaum?
Großen Baum in die Luft zeichnen

Grab', schaufel klingt sein Baugesang,
er gräbt sich einen langen Gang.
Mit beiden Händen nach vorn graben

Beim Baum, da muss er erst mal rasten
Zurücksetzen, Luft auspusten

und vorsichtig nach oben tasten.
Finger fühlen vorsichtig neben dem Kopf nach oben

Siehst du den Hügel unterm Baum?
Er wächst und wächst, man glaubt es kaum.
*Mit den Händen über dem Kopf einen Hügel
bilden langsam immer höher wachsen lassen*

Der Maulwurf wühlt sich langsam rauf.
*Beide Hände graben nach oben, Körper geht
in den Kniestand*

setzt sich auf seinen Hügel drauf.
Hinsetzen

Und müssen wir vor Hitze schwitzen,
Stirn wischen

kann Theodor im Schatten sitzen.
*Lachen und auf den Fersen vor Freude hin
und her rutschen*

Tipp

Sprache braucht ein gutes Gedächtnis. Dieses Fingerspiel ist ein ganz tolles Gedächtnistraining. Ein kleiner Sprachforscher lernt es nur vom Hören und mitspielen. Der Erwachsene als „Assistent" muss richtig viele Wiederholungen spielen und darf keinesfalls aufgeben. Aber die Geduld lohnt sich auf jeden Fall! Ich habe in meinen Kursen manche schräge Blicke geerntet und viele Eltern haben zugegeben, dass sie gedacht haben, dieses Spiel würde ihr Kind nie mitspielen. Aber am Ende hat noch immer jedes Kind seine Eltern vom Gegenteil überzeugt.

24 - 36 Monate

Malgeschichten mit Bewegung

Die Bewegungsgeschichten bedeuten für jeden kleinen Weltentdecker zusätzlich Raumerfahrungen. Was im „Großen" erlebt wird (vorwärts, rückwärts, auf und ab, usw.), lässt sich auch im „Kleinen" auf dem Papier nacherleben. In der großen Welt wird ein Kind ja viel bewegt - hochgehoben, hingesetzt, von hier nach da transportiert. Aber mit dem Stift in der Hand ist es jetzt derjenige, der bestimmt, wo es langgeht. Dafür braucht ein Kind viel Platz und die richtigen Werkzeuge. Besonders geeignet sind Wachsmalkreiden, die ohne festen Aufdruck satte Farben malen. Die Wachsmine ist von Holz umhüllt, so dass die Stifte nicht so leicht abbrechen können. (Für besondere Effekte können die Farben mit einem Wasserpinsel noch weiter vermalt werden.) Die Bewegungsgeschichten machen auch im Kritzelalter viel Spaß. Wenn man ganz genau hinschaut, sieht man, wie die erzählte Bewegungsrichtung mehr und mehr aufgenommen und verinnerlicht wird.

Hubschrauber (Ute Lantelme)

Der Hubschrauber fliegt hin und her
und das gefällt dem Hubert sehr.

Jumbojet (Ute Lantelme)

Der Jumbojet steigt auf und nieder,
das macht er dauernd, immer wieder.

U-Boot (Ute Lantelme)

Das U-Boot steigt gern ab und auf,
und wenn's genug hat kommt es rauf.

Sprachforscher

Zwerg (Ute Lantelme)

Zwickel, zwackel, Zwiebel, zwab!
Der Zwerg geht immer auf und ab.

Katze (Ute Lantelme)

Dideldi und dideldum -
Die Katze geht im Kreise rum.

Kreiseln und Rollen (Ute Lantelme)

Liese, Pase, leise,
mit Farben dreh´ ich Kreise.

Der Ball (Ute Lantelme)

Hüpf, mein Ball, hüpf auf und nieder!
Bitte tu es immer wieder.

Tipp

Lassen Sie die Kinder zu diesem Spruch auf Papier stempeln. Sektkorken, die vorher in Farbe getaucht wurden, eigenen sich sehr gut für kleine Kinderhände.

Schnecke (Ute Lantelme)

Ein Strich wird nach oben gebogen
und darauf ein Haken gezogen.
Auf dessen Spitzen, ganz, ganz leise,
setzen sich zwei kleine Kreise.
Jetzt wickelt sich ein Strich zur Spirale.
So wirft sich die Schnecke heute in Schale!

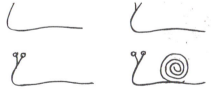

Ein Auto (Ute Lantelme)

Zwei Kreise, ein Rechteck und ein Quadrat,
so geht das Auto auf große Fahrt.

24 - 36 Monate

Ute Lantelme
Die Autorin

Ute Lantelme, Jahrgang 1959, drei Kinder. Studium der Sprachwissenschaft in Göttingen und Berlin sowie der Wirtschaftsinformatik und Betriebsanalyse in Toulouse. Langjährige Erfahrung in der Eltern-Kind-Gruppenarbeit und der Ausbildung von Gruppenleiter/innen. Fortbildungen für Tageseltern und Eltern beim Evangelischen Bildungswerk, Rosenheim, sowie Vorträge in Kindergärten und an der Volkshochschule. Betreuung und Beratung von Legasthenikern. Langjährige Erfahrung in der Weiterbildung und Personalentwicklung in leitender Funktion eines internationalen Unternehmens. Dozentin für Spanisch, Französisch, Ethik und Englisch an VHS, Haupt-Realschule und Gymnasium.

1999 leitete Ute Lantelme eine Spielgruppe für ihren Sohn und machte so die ersten Schritte in den Bereich der Kleinkinderförderung. Auf dieser Grundlage entwickelte sie das Bildungskonzept AbenteuerKinderWelt. Sie ließ sich von Experten aus verschiedenen Fachrichtungen beraten (Motorik, Tanz, Körperwahrnehmung, Musik, Sprache, Sonderpädagogik, Entwicklungspsychologie, Umweltpädagogik, Sozialpädagogik, Kindergartenpädagogik, Grundschulpädagogik).

In den Jahren 2002 bis 2009 setzten auch Regine Magg, Dörte Klehe, Marion Gastager (Einsatzbereich: Kinder unter 12 Monaten), Annett-Maria Jonietz (Einsatzbereich: Kindergarten und Krippe) wichtige Impulse für die Entwicklung dieses Konzepts.

Publikationen

1. Ute Lantelme: Klanggeschichten
2. Ute Lantelme und Regine Magg; Malgeschichten
3. Ute Lantelme und Regine Magg: Bastelspaß
4. Ute Lantelme: Wahrnehmungsspiele ab 8 Monate (2008, mit Fotos)
5. Ute Lantelme und Regine Magg: Bewegungsspiele (2010)
6. Elternhefte AbenteuerKinderWelt mit Kniereitern, Fingerspielen, Klang- und Rhythmusgeschichten, Bastelideen, Malgeschichten, Liedern und Tänzen
   a. Elternheft Einsteiger (ab 6 Monate)
   b. Elternheft 1 Herbst/Winter
   c. Elternheft 2 Herbst/Winter
   d. Elternheft 3 Herbst/Winter
   e. Elternheft 4 Frühling/Sommer
   f. Elternheft 5 Frühling/Sommer
   g. Elternheft 6 Frühling/Sommer
7. Zauberhafte Musik (CD)
8. Tanzanleitung zur CD Zauberhafte Musik
9. Es krabbelt hier und wackelt dort. DVD. JAKO-O. Mit Spielen von Ute Lantelme, Annett-Maria Jonietz und anderen

Danksagung

Ich bin glücklich darüber, dass die AbenteuerKinderWelt in Zusammenarbeit mit Wehrfritz und JAKO-O jetzt einem größeren Publikum zugänglich wird. Auf meinem Weg in die und mit der AbenteuerKinderWelt bin ich vielen inspirierenden Frauen begegnet, denen ich für die Gespräche und Ideen danke: Dörte Klehe, Monika Schuster, Elisabeth Wieczorek, Marion Gastager, Annett Maria Jonietz, Annette Beck, Silvia Reimer, Grit Simon-Fiedler, Tanja Keller, Beatrix Hirsch und besonders Regine Magg. Hubert Schierl danke ich für das Vertrauen, die vielen Ratschläge und die Möglichkeit, neue Projekte an der VHS Vaterstetten auszuprobieren. Meinen Eltern und Schwiegereltern danke ich für die vielen Zeitfenster, die die AbenteuerKinderWelt und dieses Buch erst ermöglicht haben. Ganz besonders danke ich meinem Mann und meinen Kindern für die Geduld, die Unterstützung und die vielen Stunden.